우리 고전으로 배우는
고전 독해와 글쓰기 1

우리 고전으로 배우는 고전 독해와 글쓰기 ①

글 정형권·김정원 | 그림 김민

초등학생이 꼭 읽어야 할 우리 고전 25편

성림주니어북

"공부의 든든한 주춧돌, 독해력"

혼자 힘으로 공부하려면 어떻게 해야 할까요? 교과서와 자습서를 읽는 게 힘들다면 학년이 올라갈수록 공부가 힘들어집니다. 따라서 자기주도학습을 하려면 먼저 독해력을 향상해야 합니다. 초등 시기에 독해력을 탄탄하게 다져 놓으면 중고등 시기에 어려운 공부를 잘 헤쳐나갈 수 있습니다. 단단하게 다져진 독해력은 모든 과목을 공부하는데 튼튼한 주춧돌이 되어줄 것입니다.

"WHY? 매일 독해"

이 책은 우리 고전 명작에서 뽑은 중요 장면들을 각각 하나의 지문으로 구성했습니다. 길지 않은 지문이기 때문에 읽는 데 부담이 없고, 적당한 문제를 제시하여 읽기에 집중할 수 있습니다. 매일 한 장씩 풀어나간다면 시나브로 독해력이 향상하는 것을 확인하게 됩니다. 또 읽은 지문과 연계한 글쓰기를 통해 표현 능력을 향상하도록 구성하였습니다. 잘 읽는 것을 넘어 자기 경험과 생각을 글로 쓰는 힘을 기르게 됩니다.

『우리 고전으로 배우는 고전 독해와 글쓰기』는 왜 자기주도학습에 도움이 될까요?

① 공부의 재미를 알아가는 책
아이들의 흥미와 재미, 교훈을 고려한 적절한 지문 구성으로 지루하지 않게 공부할 수 있습니다.

② 규칙적인 공부 습관을 길러주는 책
매일 짧은 시간, 적절한 양의 지문을 읽고 문제를 풀면서 성취감을 느끼고 규칙적으로 공부할 수 있게 됩니다.

③ 표현력을 키워주는 책
다양한 고전 명작을 읽으면서 문해력이 향상되고 연계된 글쓰기 연습을 통해 표현력이 향상됩니다.

『우리 고전으로 배우는 고전 독해와 글쓰기』를 읽으면 어떤 점이 좋을까요?

① 우리 민족과 조상의 숨결을 느껴요

우리 민족의 생활양식과 조상들의 세계관을 알 수 있습니다.

② 다양한 표현을 배워요

한자나 속담 등 다양한 표현을 익힐 수 있습니다.

③ 교과서 읽는 힘을 키워요

교과서에 자주 나오는 이야기와 고전소설이 실려 있어 교과서 읽는 힘을 키울 수 있습니다.

④ 교훈을 얻게 돼요

본문에 나오는 이야기를 통해 살아가는 지혜와 교훈을 얻을 수 있습니다.

『우리 고전으로 배우는 고전 독해와 글쓰기』의 본문은 어떻게 구성되어 있을까요?

① 제1권은 전해 내려오는 이야기와 삼국유사에서 뽑은 이야기예요

수록한 작품 중에서 1~10편(콩쥐 팥쥐~강림 도령)까지는 우리 민족의 대표적인 전래 이야기이고, 11~25편(단군왕검~처용)은 삼국유사에 나오는 이야기 중 교과서에 실리거나 널리 알려진 내용을 뽑은 것입니다.

② 제2권은 교과서에 수록된 고전문학을 실었어요

초, 중, 고 교과서에 수록된 우리 고전문학 중 대표적인 작품을 실었습니다. 자주 나오는 작품은 두 개의 지문을 배치하여 이해의 폭을 넓힐 수 있도록 했습니다.

『우리 고전으로 배우는 고전 독해와 글쓰기』 수록 도서 목록 및 글쓰기 주제

초등학생이 꼭 알아야 할 우리 고전 작품을 선정하여 2권으로 구성하였습니다. 초등 시기에 읽어야 할 우리 고전을 접하고 읽기 능력을 키울 뿐만 아니라 학습의 배경지식과 상식을 쌓을 수 있습니다.

1권		2권	
1	콩쥐 팥쥐	1	토끼전
2	소가 된 게으름뱅이	2	심청전 1
3	해와 달이 된 오누이	3	심청전 2
4	개와 고양이	4	홍길동전 1
5	팥죽 할머니와 호랑이	5	홍길동전 2
짧은 글 쓰기 1	낱말 퍼즐, 한자, 속담	짧은 글 쓰기 1	낱말 퍼즐, 한자, 속담
글쓰기 1	초대하는 글	글쓰기 1	기행문
6	구렁덩덩 신선비	6	춘향전 1
7	아기장수 우투리	7	춘향전 2
8	우렁 각시	8	구운몽 1
9	바리데기	9	구운몽 2
10	강림 도령	10	장화홍련전
짧은 글 쓰기 2	낱말 퍼즐, 한자, 속담	짧은 글 쓰기 2	낱말 퍼즐, 한자, 속담
글쓰기 2	부탁하는 글	글쓰기 2	제안하는 글

11	고조선을 세운 단군왕검	11	전우치전 1
12	동부여를 다스린 금와왕	12	전우치전 2
13	고구려를 세운 주몽	13	흥부전 1
14	신라의 첫 번째 임금 박혁거세	14	흥부전 2
15	알에서 태어난 석탈해	15	옹고집전
짧은 글 쓰기 3	**낱말 퍼즐, 한자, 속담**	짧은 글 쓰기 3	**낱말 퍼즐, 한자, 속담**
글쓰기 3	**소개하는 글**	글쓰기 3	**광고문**
16	신라의 첫 여왕 선덕여왕	16	박씨부인전 1
17	신라의 명장 김유신	17	박씨부인전 2
18	삼국을 통일한 김춘추	18	사씨남정기 1
19	통일신라의 기틀을 다진 신문왕	19	사씨남정기 2
20	백제 무왕과 신라 선화공주	20	홍계월전
짧은 글 쓰기 4	**낱말 퍼즐, 한자, 속담**	짧은 글 쓰기 4	**낱말 퍼즐, 한자, 속담**
글쓰기 4	**생활문**	글쓰기 4	**이야기**
21	법흥왕과 이차돈	21	허생전 1
22	노힐부득과 달달박박	22	허생전 2
23	아름다운 수로부인	23	금오신화 1
24	호랑이를 감동시킨 김현	24	금오신화 2
25	역신을 물리친 처용	25	양반전
짧은 글 쓰기 5	**낱말 퍼즐, 한자, 속담**	짧은 글 쓰기 5	**낱말 퍼즐, 한자, 속담**
글쓰기 5	**독서감상문**	글쓰기 5	**설명문**

차례

1주 Week1

01 「콩쥐 팥쥐」	부잣집 잔칫날	14
02 「소가 된 게으름뱅이」	다시 사람이 된 소년	18
03 「해와 달이 된 오누이」	오누이를 쫓는 호랑이	22
04 「개와 고양이」	강을 건넌 개와 고양이	26
05 「팥죽 할머니와 호랑이」	호랑이와 약속한 동짓날	30

고전 속으로 34
짧은 글 쓰기 연습1: 낱말 퍼즐, 한자, 속담 38
글쓰기 연습1: 초대하는 글 40

2주 Week2

06 「구렁덩덩 신선비」	허물 벗은 신선비	44
07 「아기장수 우투리」	볶은 콩으로 만든 갑옷	48
08 「우렁각시」	나랑 먹고살지	52
09 「바리데기」	딸을 버린 벌	56
10 「강림 도령」	저승에 간 이승 차사	60

고전 속으로 64
짧은 글 쓰기 연습2: 낱말 퍼즐, 한자, 속담 68
글쓰기 연습2: 부탁하는 글 70

3주 Week3

11 「고조선을 세운 단군왕검」	단군왕검의 탄생	74
12 「동부여를 다스린 금와왕」	금빛 개구리를 닮은 아이	78
13 「고구려를 세운 주몽」	물고기와 자라가 놓아준 다리	82
14 「신라의 첫 번째 임금 박혁거세」	환한 빛을 뿜는 아기 임금	86

| ⑮ 「알에서 태어난 석탈해」 | 상자 안에서 나온 용왕의 아들 | 90 |

고전 속으로 94
짧은 글 쓰기 연습3. 낱말 퍼즐, 한자, 속담 98
글쓰기 연습3. 소개하는 글 100

4주 Week4

⑯ 「신라의 첫 여왕 선덕여왕」	미리 알아맞힌 세 가지 일	104
⑰ 「신라의 명장 김유신」	세 신령의 도움	108
⑱ 「삼국을 통일한 김춘추」	김유신이 맺어준 인연	112
⑲ 「통일신라의 기틀을 다진 신문왕」	신기한 피리 만파식적	116
⑳ 「백제 무왕과 신라 선화공주」	서동요 이야기	120

고전 속으로 124
짧은 글 쓰기 연습4. 낱말 퍼즐, 한자, 속담 128
글쓰기 연습4. 생활문 130

5주 Week5

㉑ 「법흥왕과 이차돈」	불교를 위해 목숨을 바치다	134
㉒ 「노힐부득과 달달박박」	부처가 된 두 친구	138
㉓ 「아름다운 수로부인」	용궁에 다녀온 부인	142
㉔ 「호랑이를 감동시킨 김현」	호랑이 처녀	146
㉕ 「역신을 물리친 처용」	역신도 감탄한 너그러움	150

고전 속으로 154
짧은 글 쓰기 연습5. 낱말 퍼즐, 한자, 속담 158
글쓰기 연습5. 독서감상문 160

정답 및 해설 162

Week 1

콩쥐 팥쥐
소가 된 게으름뱅이
해와 달이 된 오누이
개와 고양이
팥죽 할머니와 호랑이

01 콩쥐 팥쥐
부잣집 잔칫날

마을 부잣집에서 잔치가 열리는 날이었어요. 새어머니와 팥쥐는 잔칫집에 가려고 한껏 차려입었습니다. 콩쥐도 잔치에 따라가고 싶다고 했어요. 하지만 새어머니는 노여운 목소리로 말했습니다.

"베 한 필 짜놓고, 마당에 널어둔 나락 닷 섬 찧어놓고, 밑 빠진 독에 물 가득 부어놓아라. 그 일 다 하고 오든지 말든지 해."

새어머니와 팥쥐가 나간 뒤 콩쥐는 새어머니가 시킨 대로 베 짜는 일부터 시작했습니다. 하지만 그 많은 일을 언제 다 할지 생각하니 눈물이 저절로 나왔습니다. 콩쥐가 울고 있자니 선녀가 나타나 자기가 베 짜는 걸 대신해 줄 테니 마당에 나가 나락을 찧으라고 했어요. 콩쥐가 마당에 나와 보니 말리려고 널어놓은 나락을 참새 떼가 쪼아 먹고 있었어요.

"훠이, 훠이."

콩쥐는 놀라서 참새를 쫓았지만, 사실은 참새들이 나락 껍질을 다 까주었던 거예요. 고마운 마음에 콩쥐는 힘이 났어요. 우물에서 물을 길어와 밑 빠진 독에 붓기 시작했습니다. 하지만 바닥에 구멍이 났으니, 물이 채워질 리가 없었지요. 그때 어디선가 두꺼비 한 마리가 기어 나왔습니다. 가끔 콩쥐가 밥을 나눠 주었던 두꺼비였어요. 두꺼비는 자기가 도와줄 테니 물을 길어다 독에 부으라고 했어요. 두꺼비가 항아리 바닥에 난 구멍을 막아주고 콩쥐가 몇 번 물을 길어다 부으니 금세 독이 가득 찼지요.

콩쥐가 일을 다 마치자 선녀는 베 한 필을 다 짜 놓고 콩쥐가 잔칫집에 입고 갈 고운 비단옷과 예쁜 꽃신까지 마련해 주었답니다.

콩쥐는 비단옷 입고 꽃신 신고 잔칫집으로 향했습니다. 잔치에 너무 늦은 것 같아 서둘러 뛰어갔지요. 그러다가 꽃신 한 짝이 벗겨지고 말았어요. 마침 콩쥐 뒤에는 고을 사또가 행차하던 중이라 콩쥐는 그 앞에 나가 꽃신을 주울 수가 없어서 그냥 잔칫집으로 들어갔어요.

사또는 길에 떨어진 꽃신을 주웠어요. 사또는 고운 꽃신을 보고 그 주인도 꽃신처럼 예쁠 거로 생각했어요. 사람들 소리로 떠들썩한 잔칫집이 보이자 그리로 들어가 꽃신의 주인을 찾기로 했습니다.

"그 꽃신은 제 거예요."

팥쥐가 사또 앞에 나섰습니다. 하지만 팥쥐 발은 너무 커서 꽃신에 들어가지도 않았어요. 잔치에 온 사람들이 모두 한 번씩 신어 보았지만 꽃신은 누구에게도 맞지 않았습니다. 콩쥐는 신발 한 짝만 신고 있는 게 부끄러워 구석에 숨어 있다가 마지막에야 꽃신을 신어보게 되었습니다. 꽃신이 콩쥐 발에 꼭 맞는 것을 본 사또는 콩쥐의 고운 얼굴과 예의 바른 태도를 보고 콩쥐에게 반해 버렸답니다.

작품 정보

「콩쥐 팥쥐」

마음씨 착한 콩쥐가 계모에게 구박을 받다가 결국에는 복을 받고 콩쥐를 못살게 굴던 계모와 그 딸 팥쥐는 벌을 받는 이야기입니다. 이 부분은 콩쥐가 계모의 방해에도 선녀와 참새, 두꺼비의 도움으로 잔칫집에 가 사또를 만나는 장면입니다.

1. 다음 중 낱말 뜻이 틀린 것을 고르세요.

① 베: 삼실, 명주실, 무명실 따위로 짠 옷감

② 나락: '벼'의 사투리

③ 독: 간장, 술, 김치 따위를 담가 두는 데에 쓰는 큰 항아리

④ 행차: 죄나 잘못을 따져 물음

2. 새어머니가 콩쥐에게 시킨 일들을 각각 누가 도와주었는지 줄로 이어보세요.

① 베 한 필 짜놓고 · · ㉠ 두꺼비

② 마당에 널어둔 나락 닷 섬 찧어놓고 · · ㉡ 선녀

③ 밑 빠진 독에 물 가득 부어놓아라 · · ㉢ 참새

3. 콩쥐가 잔칫집에 서둘러 가다가 잃어버린 것이 무엇인지 쓰세요.

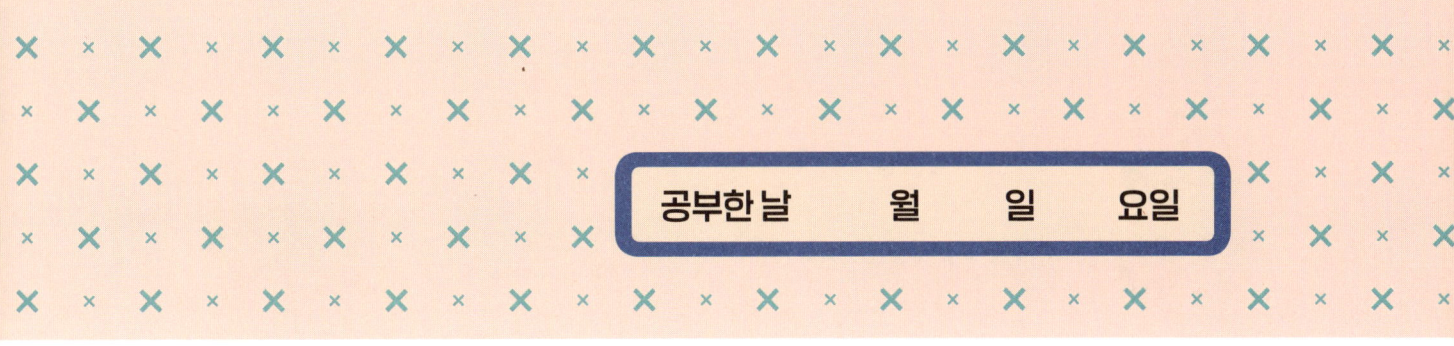

4. 이 글의 내용으로 맞는 것을 고르세요.

① 새어머니는 콩쥐와 팥쥐를 데리고 잔칫집에 갔어요.

② 콩쥐는 평소에 가끔 두꺼비에게 밥을 나눠 주었어요.

③ 선녀는 콩쥐에게 비단옷과 꽃신을 살 돈을 주었어요.

④ 사또는 고운 얼굴만 보고 콩쥐에게 반했어요.

5. 밑줄 친 곳에 알맞은 말을 넣어 이야기 내용을 간추려 보세요.

_____는 선녀와 참새, 두꺼비의 도움으로 _____가 시킨 일을 다 마치고 마을 _____에 갔어요. 가는 길에 콩쥐는 _____을 잃어 버렸고, 신발의 주인을 찾은 사또는 콩쥐에게 반했어요.

02 소가 된 게으름뱅이
다시 사람이 된 소년

"이 게으름뱅이 녀석, 또 낮잠이냐!"

아버지는 화가 나 소리쳤어요. 밭에서 일하다가 집에 돌아와 보니 아들 녀석이 마루에서 낮잠을 자고 있었거든요. 그 소리에 놀라 잠이 깬 소년도 화가 났어요. 매일 잔소리 듣는 게 지겨웠기 때문입니다. 소년은 집을 나가 혼자 살기로 했어요. 그러면 일해라, 낮잠 좀 그만 자라는 잔소리 들을 일도 없을 테니까요.

집을 뛰쳐나온 소년은 아무 데로나 발길 닿는 대로 걸었어요. 한참을 가다가 길가 원두막에서 탈을 만드는 할아버지를 만났어요. 소년은 가까이 가 물어보았습니다.

"할아버지, 뭘 만드시는 거예요?"

"소머리탈이란다. 일하기 싫은 사람이 쓰면 좋은 일이 생기는 탈이지."

소년은 속으로 자기한테 꼭 필요한 탈이라고 생각하며 탈을 써 보고 싶다고 했어요. 할아버지는 흔쾌히 탈을 내어주었습니다.

그런데 소년이 소머리탈을 쓰자마자 탈이 얼굴에 철썩 달라붙었어요. 그러더니 소년의 얼굴도 몸도 소로 변해버렸어요. 당황한 소년은 할아버지에게 탈을 벗겨 달라고 애원했습니다.

"음매, 음매애."

하지만 소년의 말소리는 소 울음소리가 되었습니다. 할아버지는 소가 된 소년의 코에 코뚜레를 꿰고 줄을 매어 끌고 갔습니다. 할아버지는 소가 된 소년을 팔려고 장터로 갔어요. 한 농부가 다가와 할아버지와 흥정을 했지요. 할아버지는 그 농부에게 소가 된 소년을 팔면서 말했습니다.

"이 소는 무를 먹으면 죽는다오. 절대 무를 먹지 않도록 조심하시오."

소를 사 온 농부는 무척 부지런했습니다. 그래서 소가 된 소년도 농부를 따라 새벽부터 해가 질 때까지 쉬지 않고 일을 해야 했습니다. 무거운 쟁기를 끌며 하루 종일 밭을 갈아야 했어요. 너무 힘들어 쉬려고 하면 농부는 채찍을 휘두르며 일을 시켰어요. 잠시도 쉬지 못하고 매일매일 힘들게 일을 하던 소는 낮에는 힘들어서 울고 밤에는 부모님이 그리워 울었습니다.

다음 날도 채찍을 맞으며 쟁기를 끌던 소는 차라리 죽는 게 낫다고 생각했습니다. 마침 멀지 않은 곳에 무밭이 보였지요. 소는 당장 그리로 뛰어가 무를 뽑아 먹었습니다. 무를 먹으면 죽는다는 할아버지의 말이 생각났던 거예요. 하지만 무를 먹은 소는 죽지 않고 본래 소년의 모습으로 돌아왔어요.

작품정보

「소가 된 게으름뱅이」

게으름뱅이 소년이 소 머리 모양 탈을 쓰고 소가 되었다가 자신의 게으름을 뉘우치고 부지런한 사람이 된다는 이야기입니다. 이 장면은 소머리탈을 쓴 소년이 소가 되어 힘들게 일하다 다시 사람이 되는 장면입니다.

1. 다음 낱말들의 뜻을 찾아 줄로 이어 주세요.

① 원두막 · · ㉠ 논밭을 가는 농기구

② 코뚜레 · · ㉡ 고삐를 매기 위해 소의 코청을 꿰뚫어 끼는 나무 고리

③ 흥정 · · ㉢ 오이, 참외, 수박, 호박 따위를 심은 밭을 지키기 위하여 밭 끝에 지은 막

④ 쟁기 · · ㉣ 물건을 사거나 팔기 위하여 품질이나 가격 따위를 의논함

2. 다음은 아버지가 소년에게 화를 낸 까닭입니다. 빈칸에 알맞은 말을 넣으세요.

아버지가 밭에서 일하는 동안 □□□□□ 아들이 일은 안 하고 □□만 잤어요.

3. 소년이 할아버지가 만든 소머리탈을 쓴 까닭을 고르세요.

① 집을 나와 할 일이 없어 심심하던 참이어서

된 소년의 코에 코뚜레를 꿰고 줄을 매어 끌고 갔습니다. 할아버지는 소가 된 소년을 팔려고 장터로 갔어요. 한 농부가 다가와 할아버지와 흥정을 했지요. 할아버지는 그 농부에게 소가 된 소년을 팔면서 말했습니다.

"이 소는 무를 먹으면 죽는다오. 절대 무를 먹지 않도록 조심하시오."

소를 사 온 농부는 무척 부지런했습니다. 그래서 소가 된 소년도 농부를 따라 새벽부터 해가 질 때까지 쉬지 않고 일을 해야 했습니다. 무거운 쟁기를 끌며 하루 종일 밭을 갈아야 했어요. 너무 힘들어 쉬려고 하면 농부는 채찍을 휘두르며 일을 시켰어요. 잠시도 쉬지 못하고 매일매일 힘들게 일을 하던 소는 낮에는 힘들어서 울고 밤에는 부모님이 그리워 울었습니다.

다음 날도 채찍을 맞으며 쟁기를 끌던 소는 차라리 죽는 게 낫다고 생각했습니다. 마침 멀지 않은 곳에 무밭이 보였지요. 소는 당장 그리로 뛰어가 무를 뽑아 먹었습니다. 무를 먹으면 죽는다는 할아버지의 말이 생각났던 거예요. 하지만 무를 먹은 소는 죽지 않고 본래 소년의 모습으로 돌아왔어요.

> 작품 정보
>
> ### 「소가 된 게으름뱅이」
>
> 게으름뱅이 소년이 소 머리 모양 탈을 쓰고 소가 되었다가 자신의 게으름을 뉘우치고 부지런한 사람이 된다는 이야기입니다. 이 장면은 소머리탈을 쓴 소년이 소가 되어 힘들게 일하다 다시 사람이 되는 장면입니다.

1. 다음 낱말들의 뜻을 찾아 줄로 이어 주세요.

① 원두막 •　　　　• ㉠ 논밭을 가는 농기구

② 코뚜레 •　　　　• ㉡ 고삐를 매기 위해 소의 코청을 꿰뚫어 끼는 나무 고리

③ 흥정　 •　　　　• ㉢ 오이, 참외, 수박, 호박 따위를 심은 밭을 지키기 위하여 밭 끝에 지은 막

④ 쟁기　 •　　　　• ㉣ 물건을 사거나 팔기 위하여 품질이나 가격 따위를 의논함

2. 다음은 아버지가 소년에게 화를 낸 까닭입니다. 빈칸에 알맞은 말을 넣으세요.

> 아버지가 밭에서 일하는 동안 □□□□□ 아들이 일은 안 하고 □□만 잤어요.

3. 소년이 할아버지가 만든 소머리탈을 쓴 까닭을 고르세요.

① 집을 나와 할 일이 없어 심심하던 참이어서

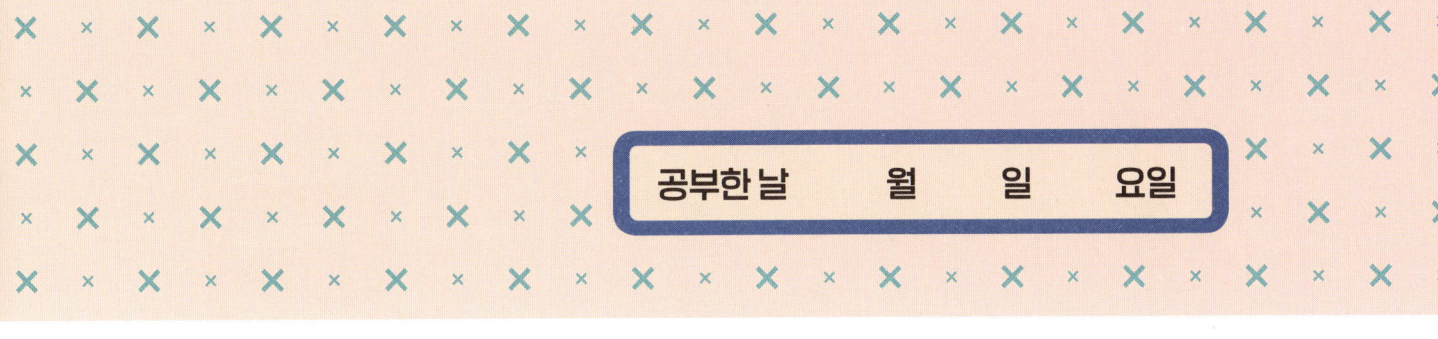

② 소머리 모양 탈을 처음 봐서 신기했기 때문에

③ 일하기 싫은 사람이 쓰면 좋은 일이 생긴다고 해서

④ 힘센 할아버지가 억지로 씌웠기 때문에

4. 이 이야기의 뒤에 이어질 내용으로 어울리지 않는 것을 고르세요.

① 사람으로 돌아온 소년은 죽기 위해 다시 무를 먹었어요.

② 농부는 자신의 소가 사람이 된 것을 보고 놀랐어요.

③ 다시 사람이 된 소년은 부모님이 계신 집으로 돌아갔어요.

④ 소년은 게을렀던 지난날을 뉘우치고 부지런한 사람이 되었어요.

5. 밑줄 친 곳에 알맞은 말을 넣어 이야기 내용을 간추려 보세요.

낮잠을 자다가 아버지께 혼나고 집을 나온 소년은 한 _____가 만든 _____탈을 쓰고 소가 되었습니다. _____에게 팔려 간 소가 일이 너무 힘들어서 죽으려고 _____를 먹자 다시 사람으로 돌아왔어요.

03 해와 달이 된 오누이
오누이를 쫓는 호랑이

깊은 산속 외딴집에서 살고 있는 오누이는 엄마를 기다리고 있었어요. 엄마는 마을 부잣집 잔치에 일을 도와주러 가셨거든요. 해가 졌는데도 엄마가 오시지 않아 오누이는 무섭기도 하고 배도 고팠어요. 하지만 엄마가 잔칫집에서 맛있는 음식을 많이 얻어 오실 거로 생각하며 참고 기다렸어요.

"얘들아, 엄마 왔다. 문 열어라."

드디어 엄마가 오셨어요. 누이동생은 반가워서 얼른 문을 열려고 했어요. 하지만 오빠가 동생을 막아섰어요. 엄마 목소리와 다르다고 생각한 오빠는 문밖에 대고 말했어요.

"우리 엄마 목소리가 아닌데!"

"하루 종일 마당에서 찬 바람 쐬며 일했더니 감기 들어 그렇지."

하지만 오빠는 믿지 않았어요.

"그럼 문구멍으로 손을 넣어 보여줘."

그랬더니 호랑이 앞발이 턱 하고 들어왔어요. 문밖에 와 있는 건 엄마가 아니라 엄마를 잡아먹고 엄마 옷을 뺏어 입은 호랑이였어요.

오빠가 문구멍으로 들어온 앞발을 만져 보니 거칠거칠한 털이 잡혔어요.

"우리 엄마 손은 보들보들한데 왜 이렇게 거칠어?"

이렇게 말하며 오누이는 다른 문구멍으로 밖을 내다보았어요. 그러자 호랑이의 커다랗고 노란 눈이 보였어요. 깜짝 놀란 오누이는 뒷문으로 살그머니 도망쳤습니다.

오누이가 문을 열어주지 않자 화가 난 호랑이는 문을 부수고 방으로 들어갔지요. 호랑이는 눈에 불을 켜고 오누이를 찾았어요. 부엌에도 가보고 뒷간에도 가보고 장독대도 들여다봤지만 아이들을 찾을 수 없었습니다. 그러다 뒷마당 우물 속을 들여다봤더니 우물 밑바닥에 오누이가 있었어요. 우물가에 있는 나무 위로 올라가 있던 오누이의 모습이 물 위에 비친 거였어요.

"얘들아, 나무 꼭대기에는 어떻게 올라갔니?"

호랑이가 물어보자 오빠가 얼른 대답했어요.

"손발에 참기름을 잔뜩 바르고 올라왔지."

호랑이는 네 발에 참기름을 잔뜩 바르고 나무 위로 기어오르려 했어요. 자꾸만 미끄러지는 호랑이를 보며 킥킥 웃던 동생이 자기도 몰래 중얼거렸어요.

"바보, 도끼로 찍으면서 올라오면 안 미끄러지는데."

이 말을 들은 호랑이는 당장 도끼를 가져가다 오누이가 있는 꼭대기를 향해 나무를 오르기 시작했어요.

작품정보

「해와 달이 된 오누이」

호랑이에게 엄마를 잃은 오빠와 동생은 해와 달이 되고 호랑이는 죽게 되는 이야기입니다. 이 부분은 엄마를 잡아먹은 호랑이가 집까지 찾아와 오누이를 뒤쫓는 장면입니다.

1. 다음 중 '눈에 불을 켜다'라는 표현을 잘못 사용한 문장을 고르세요.

① 며칠을 굶은 그 사람은 음식을 보자 **눈에 불을 켜고** 달려들었다.

② 경찰들은 **눈에 불을 켜고** 범인을 찾아다녔다.

③ 그는 돈이 생기는 일이라면 **눈에 불을 켜고** 끼어든다.

④ 내 친구는 **눈에 불을 켰는지** 자기 남자친구가 가장 멋지다고 한다.

2. 이 이야기에 직접 나오지 않은 인물을 고르세요.

① 호랑이   ② 오빠   ③ 엄마   ④ 동생

3. 사건이 일어난 순서대로 ( ) 안에 번호를 써 보세요.

① 오누이가 문구멍으로 호랑이를 보았어요. (   )

② 호랑이가 도끼로 찍으면서 나무에 올랐어요. (   )

③ 호랑이가 엄마를 잡아먹었어요. (   )

④ 호랑이가 오누이 집으로 찾아왔어요. (   )

⑤ 오누이가 나무 위로 도망쳤어요. (   )

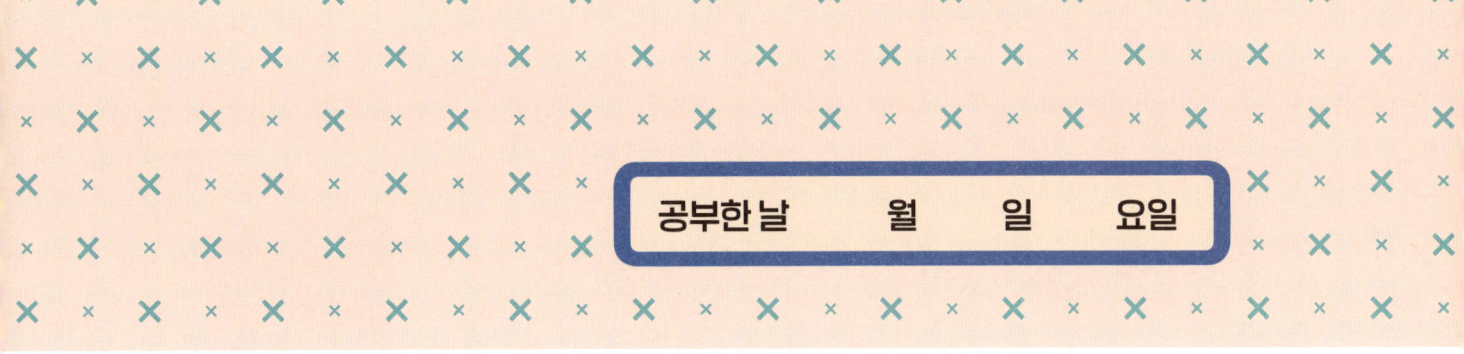

4. 다음 문장 중 맞는 것에는 O표, 틀린 것에는 X표 하세요.

① 오누이는 잔칫집에 일을 도와주러 가신 엄마를 기다렸어요. (   )

② 오빠가 호랑이에게 문을 열어주려고 하자 동생이 막아섰어요. (   )

③ 오빠는 호랑이 목소리를 듣고 엄마가 아니라고 생각했어요. (   )

④ 오누이는 호랑이를 피해 우물 속에 들어가 숨었어요. (   )

5. 밑줄 친 곳에 알맞은 말을 넣어 이야기 내용을 간추려 보세요.

집으로 돌아가던 _____를 잡아먹은 호랑이가 오누이만 있는 _____에 찾아왔어요. 오누이는 _____를 피해 _____ 위로 올라갔지만 호랑이도 따라 올라왔습니다.

04 개와 고양이

강을 건넌 개와 고양이

　개와 고양이는 강 건너 욕심쟁이 할머니가 수상했어요. 그 할머니가 다녀간 뒤부터 할아버지와 할머니 집은 다시 가난해졌고, 욕심쟁이 할머니가 갑자기 큰 부자가 되었다는 소문이 들려왔거든요.
　"분명히 그 욕심쟁이 할머니가 요술 구슬을 훔쳐 갔을 거야, 야옹."
　"그래, 우리가 가서 소원을 들어주는 그 요술 구슬을 되찾아오자, 멍멍."
　개는 고양이를 등에 업고 강을 헤엄쳐 건넜어요. 개는 헤엄을 칠 줄 알았지만 고양이는 물을 무서워했기 때문이에요.
　욕심쟁이 할머니 집에 도착하자 고양이는 곳간으로 들어가서 쥐 두목을 잡아 앞발로 꽉 누르고 부하 쥐들에게 무섭게 말했어요.
　"이 집 안 어딘가에 숨겨진 귀한 구슬을 찾아오면 너희 두목을 살려 주겠다."
　쥐들은 온 집 안을 샅샅이 뒤져 안방 베개 속에 있던 구슬을 찾아서 가지고 나왔어요. 구슬을 받은 고양이는 약속대로 쥐 두목을 풀어 주었습니다.
　돌아가는 길에도 강을 건널 때는 고양이가 개의 등에 올라탔지요. 귀한 구슬을 입에 물고요. 그런데 헤엄을 치던 개는 고양이가 구슬을 놓치지 않았는지 걱정됐어요.
　"고양아, 구슬 잘 물고 있니?"
　고양이는 구슬이 강물에 빠질까 봐 입을 벌려 대답할 수 없었어요.

"야, 너 구슬 잘 물고 있는 거야?"

고양이는 이번에도 아무 말도 못 했지요. 그러자 개는 답답해서 소리쳤어요.

"야, 너 요술 구슬 잘 물고 있냐고!"

개가 자꾸 물어보니까 고양이는 화가 나서 자기도 모르게 외쳤어요.

"걱정하지 말고 헤엄이나 쳐."

그 순간 고양이 입에서 요술 구슬이 떨어졌어요. 구슬은 강물 속으로 사라지고 말았습니다. 개와 고양이는 상대방을 탓하고 싸우면서 강을 건너왔어요. 속상하고 배도 고팠던 고양이는 강가에서 어부가 방금 잡아 올린 물고기 한 마리를 훔쳤어요. 빈손으로 가기보단 물고기 한 마리라도 가져가자는 생각이 들었거든요.

없어진 개와 고양이를 걱정하던 할아버지는 개와 고양이가 집에 돌아오자 기뻐했어요. 게다가 고양이가 물고기까지 물고 와서 더 좋아했지요. 할아버지는 고양이를 쓰다듬어 준 뒤 물고기 배를 갈랐어요. 그런데 물고기 배 속에서 아까 놓친 구슬이 나왔지 뭐예요. 할아버지 할머니는 요술 구슬에 소원을 빌어 다시 넉넉하게 살게 되었고, 개와 고양이도 할아버지 할머니의 사랑을 받으며 오래오래 행복하게 살았답니다.

작품정보

「개와 고양이」

개와 고양이가 자신들을 돌봐주는 착한 할아버지 할머니를 위해 잃어버린 요술 구슬을 되찾아오는 이야기입니다. 이 부분은 개와 고양이가 힘을 합쳐 강을 건너가 구슬을 찾아오는 장면입니다.

1. 다음 중 '곳간'과 뜻이 다른 낱말을 고르세요.

① 뒷간　② 광　③ 창고　④ 저장고

2. 다음은 개와 고양이가 강을 건너게 된 까닭입니다. 빈칸에 알맞은 말을 쓰세요.

> 개와 고양이는 강 건너에 사는 ☐☐☐☐ 할머니가 훔쳐간 할아버지와 할머니의 ☐☐ ☐☐을 되찾으려고 강을 건너기로 했어요.

3. 개와 고양이의 행동을 잘못 말한 친구를 고르세요.

① 은우: 개가 헤엄을 칠 줄 알아서 강을 건널 수 있었어.

② 재영: 고양이가 쥐들을 시켜서 요술 구슬을 찾았지.

③ 주현: 개가 자꾸만 고양이에게 말을 시켰잖아.

④ 빛나: 고양이가 물고기를 잡아 할아버지에게 주었어.

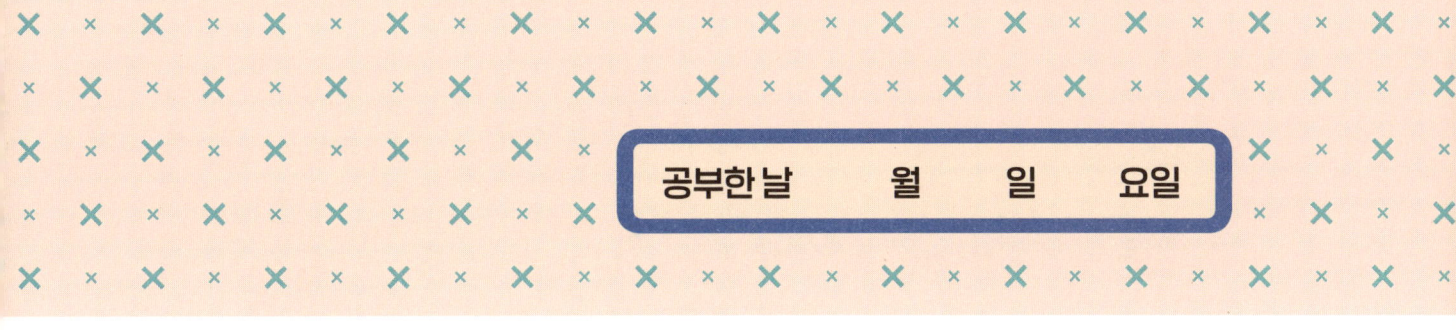

4. 개와 고양이가 돌아오자 할아버지가 기뻐한 까닭으로 옳은 것을 고르세요.

① 할머니가 할아버지에게 개와 고양이를 찾아오라고 했기 때문에

② 개와 고양이가 구슬을 찾아왔기 때문에

③ 개와 고양이가 없어져 걱정하고 있었기 때문에

④ 개와 고양이가 할아버지의 심부름을 잘했기 때문에

5. 밑줄 친 곳에 알맞은 말을 넣어 이야기 내용을 간추려 보세요.

____와 _____는 _____에 사는 욕심쟁이 할머니가 훔쳐 간 요술 구슬을 찾아 돌아오던 길에 구슬을 _____ 속에 빠뜨렸어요. 하지만 고양이가 훔친 _____ 배 속에서 구슬이 나와 개와 고양이는 할아버지 할머니와 행복하게 살았어요.

05 팥죽 할머니와 호랑이
호랑이와 약속한 동짓날

깊은 산골에 혼자 사는 할머니가 있었어요. 할머니는 팥죽을 아주 맛있게 끓여 팥죽 할머니였답니다. 봄이 되자 할머니는 혼자 밭을 일구고 팥을 심고 있었습니다. 그런데 산속에서 호랑이 한 마리가 불쑥 나타났어요. 배가 몹시 고팠던 호랑이는 할머니를 잡아먹으려 했어요. 할머니는 곧 죽겠구나 싶어 벌벌 떨렸지만 호랑이를 살살 달래며 말했어요.

"호랑아, 내가 올해 팥 농사 잘 지어서 동짓날 팥죽을 맛있게 끓여줄 테니 그 팥죽 먹고 나서 잡아먹으면 안 되겠느냐?"

"맛있는 팥죽? 그래, 좋아. 그럼 동짓날 다시 오지."

호랑이는 이렇게 대답하고 산속으로 돌아갔습니다.

할머니가 정성스레 팥 농사를 짓는 동안 김매느라 힘들었던 여름이 가고, 풍성한 가을이 되었습니다. 할머니는 잘 익은 팥을 거두어들였습니다. 시간은 빠르게 흘러 겨울이 오고 동짓날이 되고야 말았어요.

할머니는 맛있는 팥죽을 한솥 가득 끓였습니다. 팥죽을 한 그릇 퍼서 먹으려고 하니 곧 찾아올 호랑이 생각에 눈물이 뚝뚝 떨어졌어요. 할머니는 팥죽을 한 숟가락도 먹지 못하고 소리 내 울었습니다.

울음소리를 듣고 천장에 붙어 있던 파리 한 마리가 날아와 물었어요.

"할머니, 할머니, 왜 울어요?

"오늘 밤에 호랑이가 날 잡아먹으러 온단다."

파리는 팥죽 한 그릇을 주면 할머니를 도와주겠다고 했어요. 할머니는 파리에게 팥죽 한 그릇을 주긴 했지만, 조그만 파리가 자기를 구해줄 수 없을 것 같아 계속 울었답니다.

그 울음소리를 듣고 알밤 하나가 데구르르 굴러왔습니다.

"할머니, 할머니, 왜 울어요?"

"오늘 밤에 호랑이가 날 잡아먹으러 온단다."

알밤도 팥죽 한 그릇을 주면 할머니를 살려주겠다고 했어요. 할머니는 알밤에게도 팥죽 한 그릇을 주었어요. 하지만 울음을 그칠 수가 없었어요.

울음소리를 듣고 이번엔 송곳이 다가와 물었습니다.

"할머니, 할머니, 왜 울어요?"

"오늘 밤에 호랑이가 날 잡아먹으러 온단다."

송곳도 팥죽 한 그릇을 주면 할머니를 구해주겠다고 했어요. 할머니는 송곳에게도 팥죽을 주고 계속 울었지요. 그 소리를 듣고 모여든 홍두깨와 멍석과 지게도 팥죽 한 그릇 주면 할머니를 도와주겠다고 했습니다. 할머니는 홍두깨와 멍석과 지게에게도 따뜻하고 맛있는 팥죽을 한 그릇씩 주었어요.

「팥죽 할머니와 호랑이」

산골에 혼자 사는 팥죽 할머니가 작은 존재들로부터 도움을 받아 호랑이를 물리치는 이야기입니다. 이 부분은 할머니가 호랑이와 약속한 동짓날이 되어 팥죽을 끓여놓고 슬퍼하자 작은 존재들이 할머니를 돕겠다고 하는 장면이에요.

1. 다음은 '동짓날'에 대한 설명입니다. 빈칸에 알맞은 말을 써 보세요.

> 동지는 일 년 중 밤이 가장 긴 날로 해마다 12월 21일이나 22일쯤입니다. 우리나라에는 동짓날에 ☐☐을 먹는 풍속이 있습니다.

2. 팥죽 할머니에 대한 설명으로 틀린 것을 고르세요.

① 깊은 산골에서 혼자 살았어요.
② 팥죽을 아주 맛있게 끓여서 팥죽 할머니였어요.
③ 할머니는 호랑이가 조금도 무섭지 않았어요.
④ 할머니는 파리에게 팥죽 한 그릇을 주었어요.

3. 할머니가 계절마다 한 일에 맞게 줄로 이어 주세요.

① 봄 · · ㉠ 김을 매느라 힘들었어요.

② 여름 · · ㉡ 맛있는 팥죽을 한솥 가득 끓였어요.

③ 가을 · · ㉢ 밭을 일구고 팥을 심었어요.

④ 겨울 · · ㉣ 잘 익은 팥을 거두어들였어요.

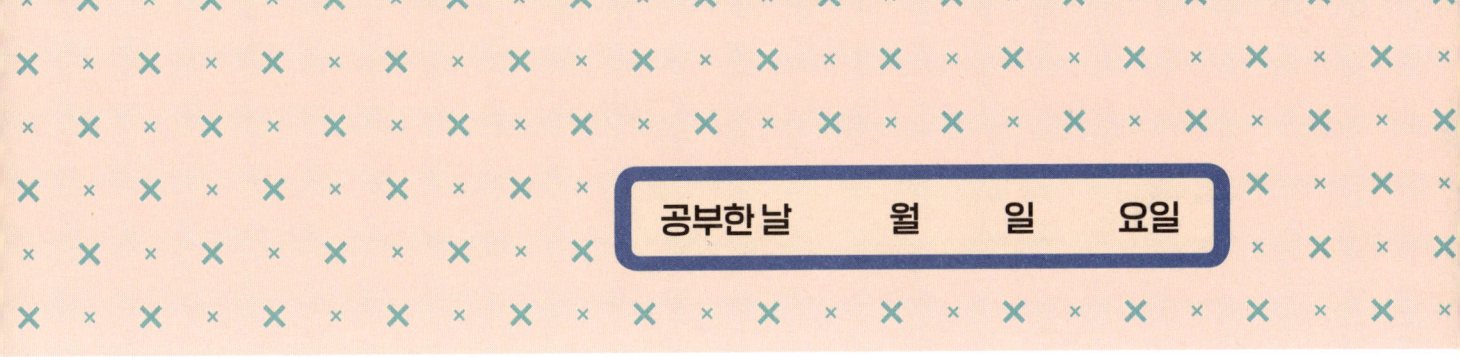

4. 파리와 알밤, 송곳이 도와주겠다고 했는데 할머니는 왜 계속 울었을까요?

   ① 파리와 알밤, 송곳이 팥죽을 달라고 하니 팥죽이 아까워서

   ② 파리나 알밤, 송곳이 자신을 구해줄 수 없을 것 같아서

   ③ 호랑이에게 잡아먹히면 파리와 알밤, 송곳을 못 만나니 슬퍼서

   ④ 파리와 알밤, 송곳의 고운 마음씨에 감동해서

5. 밑줄 친 곳에 알맞은 말을 넣어 이야기 내용을 간추려 보세요.

   _____는 자기를 잡아먹으려는 호랑이에게 _____에 팥죽을 끓여줄 테니 그때 잡아먹으라고 했어요. 동짓날이 되자 할머니가 끓인 팥죽을 얻어먹은 파리, 알밤, 송곳 들이 할머니를 _____로부터 지켜주겠다고 했습니다.

고전 속으로

1. 「콩쥐 팥쥐」

'콩쥐 팥쥐'는 콩쥐가 여러 난관을 극복하고 스스로 독립적인 여성으로 성장하는 과정을 보여주는 옛이야기에요. 콩쥐 팥쥐 이야기는 누구나 한 번쯤은 들어 보거나 읽어 봤을 익숙한 이야기이지요. 예쁘고 마음씨 착한 콩쥐는 못된 계모와 계모의 딸 팥쥐에게 온갖 구박을 당하지만 꿋꿋하게 살아갑니다. 하지만 콩쥐가 아무리 노력해도 계모와 팥쥐의 심술은 점점 더 심해집니다. 그러나 콩쥐가 어려움을 당할 때마다 어디선가 두꺼비, 참새 등이 나타나 콩쥐를 도와주는 기적 같은 일들이 일어나요. 콩쥐는 그들의 도움으로 어려운 일도 금세 해치우게 되고 이를 본 계모와 팥쥐는 깜짝 놀랍니다. 콩쥐를 괴롭히고 거짓말을 일삼던 계모와 팥쥐는 벌을 받게 되고 늘 고생만 하던 콩쥐는 사또를 만나 행복하게 살았다는 게 일반적으로 알려진 콩쥐 팥쥐 이야기의 큰 줄거리예요. 하지만 충격적인 뒷이야기가 기다리고 있어요. 사또와 결혼한 콩쥐가 잘 사는 것을 두고 볼 수 없었던 팥쥐가 콩쥐를 연못에 빠뜨려 죽이고, 귀신이 된 콩쥐가 복수한다는 이야기가 이어진답니다. 결혼 전에는 계모와 팥쥐의 구박을 당하기만 하던 나약한 존재였던 콩쥐가 결혼 후 죽음과 환생을 경험하며 독립적인 여성으로 성장하는 것이 원전의 중요한 주제입니다.

2. 「소가 된 게으름뱅이」

'밥 먹고 바로 누우면 소가 된다.'라는 속담이 있습니다. 이 속담은 '소가 된 게으름뱅이' 이야기에서 유래되었다고 해요. 배가 부르면 나른해지면서 졸음이 오

기 마련이지요. 그렇다고 해야 할 일을 미루고 마냥 게으름만 피운다면 다음 생에는 소가 되어 온종일 고된 일만 하게 된다는 뜻을 담고 있어요. 이야기 속에 나오는 주인공은 날마다 빈둥거리며 놀기만 했습니다. 좋은 일이 생긴다는 말에 덥석 소머리탈을 쓴 게으름뱅이는 소로 변하고 말았어요. 그런데 기대와 달리 매일 힘든 농사일을 하게 되자, 차라리 죽는 게 낫겠다며 밤마다 후회의 눈물을 흘려야 했지요. 우여곡절 끝에 새 삶을 살게 된 게으름뱅이는 누구보다 더 성실하고 부지런하게 살았다고 합니다. 아마도 옛 어른들은 게으름뱅이가 소로 변해 소의 우직함과 성실함을 배웠듯, 사람들이 소가 지닌 좋은 성품을 본받기를 바라는 마음에서 이 이야기를 전해준 듯합니다.

3. 「해와 달이 된 오누이」

깊은 산골에서 오누이와 사는 엄마가 품삯으로 받은 수수팥떡을 이고 고개를 넘다가 무서운 호랑이와 딱 마주칩니다. 호랑이에게 떡, 저고리, 치마 등을 차례대로 내주다가 결국 엄마는 잡아먹히고 말아요. 호랑이는 엄마 옷을 입고 오누이를 잡아먹으러 집으로 찾아옵니다. 호랑이가 엄마 흉내를 내면서 문을 열어 달라고 하지만 오누이는 뒤뜰에 있는 나무 위로 몰래 도망쳤어요. 호랑이가 쫓아 올라오자 아이들은 하늘에 기도했어요. 그러자 하늘에서 동아줄이 내려왔지요. 그것을 본 호랑이도 기도했고 마침내 동아줄을 받았어요. 호랑이는 오누이를 쫓아 동아줄을 타고 올라가다 수수밭으로 떨어져 죽고 말았어요. 호랑이가 받은 동아줄은 썩은 동아줄이었기 때문이에요. 하늘에 올라간 오누이는 해와 달이 되어 온 세상을 환하게 비춰 줍니다. 오누이가 지혜와 용기로 호랑이를 우스꽝스럽게 만들고 어려움에서 벗어나는 모습을 통쾌하게 전해주지요. 해와 달이 되는 오누이의 행복한 결말은 어떤 위기에 처하더라도 정신만 바짝 차리면 벗어날 수 있다고 여겨온 조상들의 삶의 태도를 보여주고 있어요.

4. 「개와 고양이」

가난하지만 마음씨 좋은 할아버지가 길에 쓰러져 있는 개와 고양이를 데려다 키웁니다. 어느 날 할아버지는 잉어를 구해주고 소원을 들어주는 구슬을 선물로 받아 잘살 수 있게 되었어요. 그러나 강 건너에 사는 욕심쟁이 할머니가 구슬을 훔쳐 가는 바람에 다시 가난해졌지요. 개와 고양이는 구슬을 찾기 위해 강을 건너, 욕심쟁이 집에 찾아가 구슬을 다시 찾지만 돌아오는 길에 강을 건너다가 물에 빠뜨리고 말았어요. 고양이는 속상해서 강가에 나갔다가 어부에게서 물고기를 훔쳐 할아버지에게 갖다줍니다. 그런데 물고기 배 속에서 구슬이 발견되어 칭찬을 받습니다. 그래서 그 후로 고양이는 따뜻한 방 안에서 살게 되고 개는 밖에서 살게 되어, 지금도 개는 고양이만 보면 으르렁거린다고 해요. 「개와 고양이」는 이러한 개와 고양이의 관계가 어떻게 시작이 된 것인지를 재미있는 상황 설정과 뛰어난 상상력을 발휘하여 구성한 옛이야기랍니다.

5. 「팥죽 할머니와 호랑이」

맛난 팥죽을 잘 끓이는 팥죽 할머니에게 어느 날 호랑이가 나타나 잡아먹겠다고 했어요. 할머니는 동지 팥죽을 쒀 주겠다고 하고는 동짓날까지 미루었어요. 마침내 호랑이와 약속한 날이 되자 할머니는 팥죽을 쑤어 놓고 목놓아 울었어요. 알밤, 자라, 물찌똥, 송곳, 멍석, 지게가 할머니의 딱한 사연을 듣고는 할머니가 끓여 준 팥죽을 맛있게 얻어먹고, 모두 힘을 합쳐 호랑이를 통쾌하게 물리칩니다. 작고 약한 존재들이 힘을 합쳐 호랑이를 혼내 주었다는 이야기 속에는 나쁜 권력자를 혼내 주고 싶던 우리 조상들의 염원이 녹아 있어요. 할머니를 도와주는 물건들은 농사를 지으며 사는 우리 백성들에게 친근한 것들이에요. 손만 뻗치면 닿는 곳에 있으니 바로 한몸처럼 지내는 이웃이라고 할 수 있지요. 혼자 있으면 아무 힘을 못 쓰는 무지렁이도 이웃과 힘을 합치면 무엇이든 거뜬히 물리칠 수 있다는 가르침을 주는 이야기에요.

짧은 글 쓰기 연습 1

낱말과 속담의 뜻과 쓰임을 익히고 그 낱말과 속담을 사용해 문장을 만들어 보세요.

1. 아래 가로 열쇠, 세로 열쇠의 풀이말을 보고 퍼즐 빈칸에 알맞은 낱말을 〈보기〉에서 찾아 써 보세요.

보기

고정	나락
수레	고막
수고	행차
우물가	원두막
도시락	코뚜레
비눗물	두꺼비
흥정	기차표

🗝 가로 열쇠
① 밖에서 끼니를 해결할 수 있도록, 작은 그릇에 반찬과 함께 담은 밥
④ 한번 정한 상태에서 변경하지 않음
⑤ 수박이나 참외 따위를 심은 밭을 지키기 위하여 밭 끝에 지어 놓은 막
⑧ 사람이 타거나 짐을 실어 나르는 용도로 바퀴를 달아 굴러가게 만든 운송 수단
⑩ 기차를 탈 수 있음을 증명하는 표
⑪ 비누를 푼 물

🗝 세로 열쇠
② '벼'의 사투리
③ 물건을 사거나 팔기 위하여 품질이나 가격 따위를 의논함
④ 귓구멍 안쪽에 있는 막
⑥ 두꺼빗과의 양서류. 모양은 개구리와 비슷하나 크기는 그보다 크며 몸은 어두운 갈색 또는 황갈색에 짙은 얼룩무늬가 있다.
⑦ 고삐를 매기 위해 소의 코청을 꿰뚫어 끼는 나무 고리
⑧ 일을 하느라고 힘들이고 애씀
⑨ 나이나 지위, 신분 따위가 높은 사람이 길을 감
⑫ 우물의 가까운 둘레

· **위의 낱말 중 세 개를 골라 하나씩 쓰고, 그 낱말을 넣어 각각 짧은 글을 지어 보세요.**

예) 흥정: 할머니는 과일가게 아저씨와 참외 값을 **흥정**하셨다.

　　： ＿＿＿＿＿＿＿＿＿＿＿＿＿＿＿＿＿＿＿＿＿＿＿＿＿

　　： ＿＿＿＿＿＿＿＿＿＿＿＿＿＿＿＿＿＿＿＿＿＿＿＿＿

　　： ＿＿＿＿＿＿＿＿＿＿＿＿＿＿＿＿＿＿＿＿＿＿＿＿＿

2. 다음 낱말에 쓰인 한자에 대해 알아봅시다.

間	사이 간	뜻: ①사이, ②때, ③동안 쓰임: 시간(時間), 공간(空間), 인간(人間), 간격(間隔) 등

• 그런데 -간(間)은 어떤 말의 뒤에 붙어 '장소'의 뜻을 더하기도 해요.

보기

곳간 대장간 헛간 외양간 뒷간 마구간

• 다음 낱말 뜻을 보고 빈칸에 알맞은 낱말을 위의 〈보기〉에서 찾아 쓰세요.

① ☐☐☐ : 말을 기르는 곳   ② ☐☐ : 대소변을 볼 수 있도록 만들어 놓은 시설

③ ☐☐ : 물건을 간직하여 두는 곳   ④ ☐☐☐ : 말이나 소를 기르는 곳

⑤ ☐☐☐ : 쇠를 달구어 온갖 연장을 만드는 곳   ⑥ ☐☐ : 막 쓰는 물건을 쌓아 두는, 문짝이 없는 광

3. 다음 속담 뜻을 알아봅시다.

밑 빠진 독에 물 붓기

밑 빠진 독은 아무리 물을 부어도 채울 수 없다는 뜻으로, 아무리 애를 써도 보람이 없는 일을 비유적으로 이르는 말입니다.

예) 책을 읽을 때 다른 생각을 하면 책 내용을 전혀 알 수 없으니, 아무리 많이 읽어도 **밑 빠진 독에 물 붓기**나 마찬가지다.

· 위 속담을 넣어 짧은 글을 써 봅시다.

글쓰기 연습 1

초대하는 글

초대하는 글은 다른 사람을 초대하기 위해 써요. 전화나 메시지로 초대하는 것보다 더 많은 시간과 정성이 담기지요. 그래서 받는 사람이 더 기쁘고 초대한 곳에 꼭 가야겠다는 생각이 들지요.

초대하는 글은 어떻게 쓸까요?

1. 제목
초대하는 글에 제목을 써서 무슨 일로 초대하는지 먼저 알리는 것이 좋습니다.

2. 받을 사람
받을 사람 이름을 쓰면 초대하는 사람이 받는 사람을 특별하게 생각한다는 느낌을 줄 수 있어요.

3. 초대하는 말
무슨 일에 초대하는지, 왜 초대하는지 꼭 써야 해요.

4. 때와 장소
초대하는 글에는 날짜와 시간(때), 그리고 장소(곳)를 반드시 넣습니다. 언제 어디로 가야 하는지 모르면 상대방이 참석하기 어렵겠지요.

5. 쓴 날짜

6. 보내는 사람

● 다음은 콩쥐 팥쥐 가족을 돌잔치에 초대하는 초대장이에요. 이 초대장을 참고해 초대하는 글 쓰는 방법을 익혀 보세요.

제목	갑돌이 돌잔치에 초대합니다
받을 사람	콩쥐, 팥쥐 가족 여러분께
초대하는 말	저희 소중한 손자 갑돌이가 첫돌을 맞게 되었습니다. 마을 이웃분들 모두 모셔서 축하하는 자리를 마련했습니다. 콩쥐와 팥쥐 두 누나가 와서 축하해주면 저희 갑돌이가 콩쥐와 팥쥐처럼 씩씩하고 예의 바른 아이로 잘 자랄 것 같아요. 콩쥐 팥쥐 어머님 아버님도 꼭 함께 와 주세요.
때와 장소	• 때: 5월 15일 토요일 낮 12시~5시 • 장소: 갑돌이네 집 마당
쓴 날짜 보내는 사람	4월 20일 갑돌이 할아버지와 할머니 드림

글쓰기 연습 1

초대하는 글 쓰기

초대하는 글을 써 봅시다.
먼저 내 생일, 피아노 연주회, 파자마 파티 등 초대할 일을 정하고, 초대할 사람도 한 사람 정해요. 그 사람을 초대하는 이유도 생각해서 초대할 때, 장소와 함께 적어 보세요.

1. 제목:

2. 받을 사람:

3. 초대하는 말(초대하는 이유):

4. 때와 장소:

5. 쓴 날짜:

6. 보내는 사람:

● 위에 적어둔 내용을 글로 완성해 보세요.

제목	
받을 사람	
초대하는 말	
때와 장소	
쓴 날짜	
보내는 사람	

Week 2

구렁덩덩 신선비
아기장수 우투리
우렁각시
바리데기
강림 도령

06 구렁덩덩 신선비
허물 벗은 신선비

　구렁이는 계속해서 할머니를 졸랐어요. 아랫집 딸에게 장가를 보내달라는 것이었지요. 아랫집은 부자였는데 딸이 셋 있었어요. 할머니 생각에는 그 부잣집에서 자기 아들에게 딸을 시집보낼 것 같지 않았어요. 아들이 구렁이였으니 말이에요. 그래서 몇 번이나 부잣집을 찾아가긴 했지만, 말을 못 꺼내고 한숨만 쉬었지요. 그러자 부잣집 마님이 할머니에게 물었어요.
　"할머니, 하실 말씀이 있는 것 같은데 마음 편히 말해 보세요."
　"저, 사실은요. 제 아들 구렁이가 이 댁 따님에게 장가들고 싶다고 하도 졸라서요."
　마님은 세 딸을 불러서 물어보았습니다.
　"너희 중에 누가 할머니네 구렁이한테 시집갈 테냐?"
　첫째 딸은 더러운 구렁이한테 절대 시집가지 않겠다고 했습니다.
　둘째 딸도 더러운 구렁이한테 절대 시집가지 않겠다고 했지요.
　그런데 셋째 딸은 부모님이 시키는 대로 하겠다고 했어요.
　이렇게 해서 셋째 딸이 구렁이와 혼인하게 되었지요. 구렁이가 셋째 딸과 혼인한 그날 밤, 구렁이는 색시에게 큰 솥 가득 물을 끓여 달라고 했습니다. 구렁이는 색시가 끓여준 물로 목욕을 하더니 구렁이 허물을 벗고 사람이 되었습니다. 그것도 아주 멋진 선비가 되었지요.

구렁덩덩 신선비는 낮에는 허물을 쓰고 구렁이가 되었다가 밤만 되면 허물을 벗고 사람이 되었어요. 구렁덩덩 신선비와 색시는 사이좋게 살았습니다.

그러던 어느 날, 구렁덩덩 신선비가 색시에게 말했습니다.

"나는 과거를 보러 한양에 가야겠소. 이 구렁이 허물을 맡기고 갈 테니 태우거나 잃어버리지 않도록 조심하시오. 만약 그렇게 되면 우리는 다시 만날 수 없소."

색시는 저고리 동정 안에 허물을 넣어 잘 간수해 두었습니다. 그런데 이 모습을 지켜보는 사람들이 있었어요. 바로 색시의 두 언니였습니다. 언니들은 더럽고 징그러운 구렁이에게 시집간 동생이 어떻게 사는지 궁금해 몰래 엿보고 있었던 거예요.

구렁덩덩 신선비가 과거를 보러 떠난 뒤 언니들이 찾아왔습니다. 그리고는 색시 저고리의 동정을 뜯고 구렁이 허물을 꺼내어 화롯불에 던져 넣었습니다. 색시가 말릴 틈도 없이 말이에요. 구렁이 허물 타는 냄새가 온 집 안과 마을을 넘어 멀고 먼 한양까지 퍼졌어요. 구렁덩덩 신선비는 그 냄새를 맡고 다시는 색시한테 돌아오지 않았습니다.

작품정보

「구렁덩덩 신선비」

부잣집 셋째 딸과 결혼한 구렁이가 허물을 벗고 사람이 되었지만 색시와 헤어졌다가 어렵게 다시 만나는 이야기입니다. 이 부분은 구렁이가 혼인을 해 신선비가 되었다가 색시 언니들의 질투로 색시와 헤어지게 되는 장면입니다.

1. 다음 문장의 빈칸에 알맞은 낱말을 〈보기〉에서 골라 쓰세요.

> **보기**
>
> 동정 허물 과거 화롯불

① 형이 키우는 도마뱀이 어제 _____을 벗었다.

② 시골 외할아버지 댁에서 _____에 밤을 구워 먹었다.

③ 할머니께서 내 한복 저고리에 _____을 새로 달아주셨다.

④ 유 선비는 _____를 보러 한양에 가는 길이었다.

2. 몇 번이나 아랫집을 찾아간 할머니가 아무 말도 못 했던 까닭을 고르세요.

① 갈 때마다 마님이 외출 중이어서

② 첫째 딸과 둘째 딸이 할머니를 내쫓아서

③ 평소에 부잣집 마님이 자신을 무시했기 때문에

④ 부잣집에서 자기 아들에게 딸을 시집보낼 것 같지 않아서

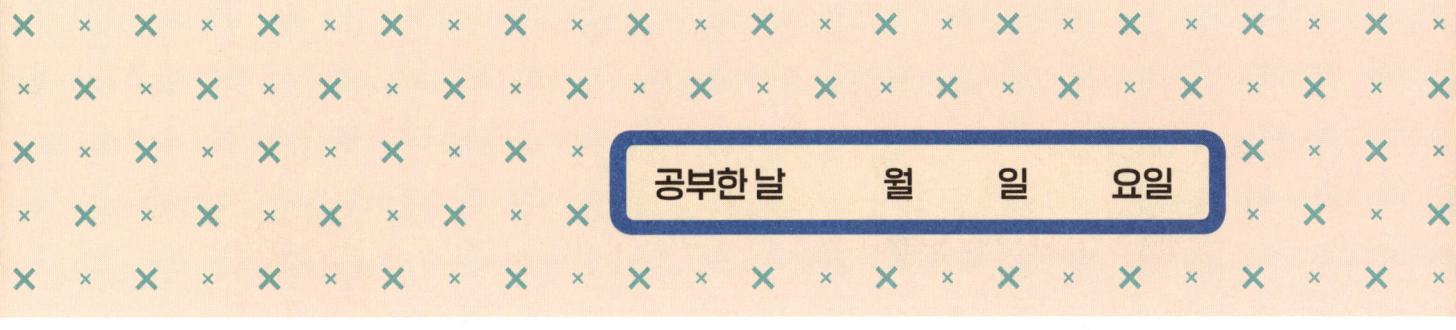

3. 다음은 구렁이가 사람이 된 장면입니다. 맞는 표현에 ○표 하세요.

> 셋째 딸과 (혼인 / 약속)한 날 밤, 구렁이는 (할머니 / 색시)가 끓여준 물로 목욕을 하더니 허물을 벗고 사람이 되었습니다. 그것도 아주 멋진 (왕자 / 선비)가 되었지요.

4. 각 인물들이 한 행동으로 틀린 것을 고르세요.

① 할머니: 아랫집을 찾아가 아들이 장가들고 싶어 한다고 말했어요.

② 첫째 딸, 둘째 딸: 더러운 구렁이에게 절대로 시집가지 않겠다고 했어요.

③ 셋째 딸: 동정 속에 넣어 두었던 허물을 실수로 화롯불에 태웠어요.

④ 구렁이(신선비): 자기의 허물이 타는 냄새를 맡고는 색시에게 돌아오지 않았어요.

5. 밑줄 친 곳에 알맞은 말을 넣어 이야기 내용을 간추려 보세요.

> 부잣집 셋째 딸과 혼인한 _____는 색시가 끓여준 물로 _____을 하고 사람이 되었어요. 그러나 과거를 보러 간 사이에 색시의 언니들이 구렁이 _____을 태워버려 신선비는 색시에게 돌아오지 않았습니다.

07 아기장수 우투리
볶은 콩으로 만든 갑옷

　오랜 옛날, 백성들이 영웅을 기다리고 있었습니다. 영웅이 나타나 백성들을 나쁜 임금과 신하들로부터 구해주기를 간절히 바라고 있었어요.
　그 무렵 어느 산골 마을 가난한 농부 집에 아들이 태어났습니다. 그런데 이상하게도 아기 탯줄이 잘리지 않았어요. 가위로도, 낫으로도 잘라지지 않던 탯줄은 한 할머니가 베어 온 억새로 툭 치니까 바로 잘렸답니다.
　농부 부부는 아기 이름을 '우투리'라고 지었어요. 우투리는 아기 때부터 남다른 데가 있었지요. 우투리를 방에다 눕혀 놓고 일하러 나갔다 와보면 시렁이나 장롱 위에 올라가 있는 거예요. 하도 이상해서 우투리 아버지와 어머니가 문구멍으로 방 안을 들여다보니 우투리가 겨드랑이에 달린 작은 날개로 방 안을 날아다니고 있었어요.
　"우리 우투리가 영웅이었네. 큰일 났구려, 여보."
　어머니 아버지는 기쁘기보다는 걱정이 컸어요. 나쁜 임금이 영웅을 가만둘 리 없었으니까요. 농부 부부는 우투리를 데리고 아무도 모르는 깊은 산속으로 들어가 숨어 살았어요.
　그런데도 아기 영웅이 태어났다는 소문이 임금의 귀에까지 들어갔답니다. 임금은 장수와 군사들을 보내 우투리를 잡아 오라고 했어요. 우투리는 그 사실을 미리 알고 어디론가 숨었어요. 장수가 찾아와 어머니 아버지를 고문했지만 농부 부부도 우투리가 간 곳을 몰랐어요. 장수와 군대는 사흘 동안 기다리다 빈손으로 돌아갔지요.

그러자 우투리가 돌아와 어머니에게 콩 한 말을 볶아 달라고 했습니다. 어머니는 콩을 볶다가 콩 한 알이 톡 튀어나오자 배가 고파서 그걸 주워 먹었지요. 그래서 콩 한 말에서 딱 한 알이 모자라게 되었어요.

우투리는 그 볶은 콩으로 갑옷을 만들어 입었습니다. 그런데 한 알이 모자라서 왼쪽 겨드랑이 날갯죽지 아래를 가리지 못했어요. 우투리는 갑옷을 입고 어머니에게 부탁했습니다.

"곧 군사들이 올 것입니다. 혹시 내가 싸우다 죽으면 뒷산 바위 밑에 묻어 주세요. 좁쌀 서 말, 콩 서 말, 팥 서 말을 같이 묻어 주세요. 그리고 제가 묻힌 곳을 절대로 가르쳐 주지 마세요. 그래야 삼 년 뒤에 저를 다시 만날 수 있습니다."

조금 있으니 정말로 군사들이 들이닥쳤습니다. 군사들은 우투리가 두려워 가까이 가지 못하고 활만 쏘아댔어요. 하지만 비 오듯 쏟아지는 화살들은 콩으로 만든 갑옷에 맞자마자 툭툭 부러졌지요. 그런데 그만 화살 하나가 우투리의 겨드랑이 날갯죽지 아래에 꽂혔어요. 콩 한 알이 모자라 못 가렸던 곳이지요. 우투리는 그 자리에서 쓰러져 죽고 말았습니다.

작품정보

「아기장수 우투리」

남다른 능력을 갖추고 태어난 아기장수 우투리가 임금이 보낸 군사들과 부모님의 실수 때문에 안타깝게 죽고 마는 이야기입니다. 이 부분은 우투리가 군사들에게 쫓기다가 화살에 맞아 죽는 장면입니다.

1. 다음 낱말들의 뜻을 찾아 줄로 이어 주세요.

   ① 탯줄 •   • ㉠ 어머니의 태반과 아기의 배꼽을 잇는 끈 모양의 줄

   ② 억새 •   • ㉡ 물건을 얹어 놓기 위하여 방이나 마루 벽에
                          두 개의 긴 나무를 가로질러 선반처럼 만든 것

   ③ 시렁 •   • ㉢ 벼과에 속하는 여러해살이풀

   ④ 말   •   • ㉣ 곡식, 액체, 가루 따위의 부피를 잴 때 쓰는 단위

2. 다음은 백성들이 영웅을 기다린 까닭입니다. 빈칸에 알맞은 말을 쓰세요.

   영웅이 나타나 ☐☐들을 나쁜 ☐☐과 ☐☐들로부터 구해주기를 간절히 바라고 있었어요.

3. 다음 중 우투리가 영웅이라는 것을 알 수 있는 사실이 아닌 것을 고르세요.

   ① 아기 때 겨드랑이에 있는 날개로 날아다녔어요.

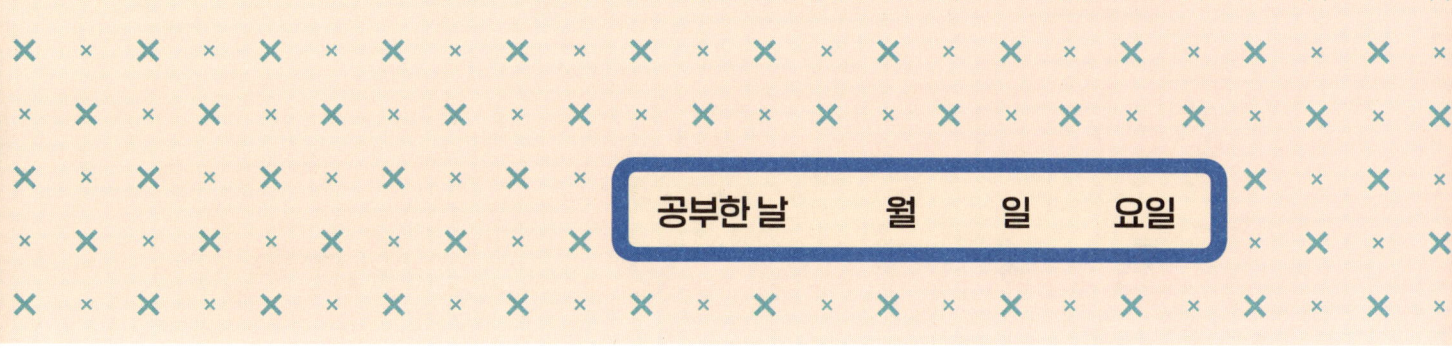

② 군사들이 자기를 잡으러 올 것을 미리 알았어요.

③ 볶은 콩으로 만든 갑옷에 화살이 부러졌어요.

④ 겨드랑이에 화살을 맞고 쓰러져 죽었어요.

4. 사건이 일어난 순서대로 ( ) 안에 번호를 써 보세요.

① 임금이 보낸 장수와 군대가 우투리 부모님을 고문했어요. (   )

② 우투리가 가난한 농부 집에서 태어났어요. (   )

③ 우투리가 군사들이 쏜 화살을 맞고 죽었어요. (   )

④ 우투리가 볶은 콩으로 갑옷을 만들었어요. (   )

⑤ 임금이 우투리가 영웅이라는 소문을 들었어요. (   )

5. 밑줄 친 곳에 알맞은 말을 넣어 이야기 내용을 간추려 보세요.

가난한 농부 집에서 태어난 _____는 백성들을 구할 아기장수였어요. 우투리는 임금이 보낸 군사들에 맞서다가 ____으로 만들어 입은 갑옷 구멍에 ____을 맞아 죽고 말았답니다.

08 우렁각시
나랑 먹고 살지

　옛날 어느 마을에 한 총각이 혼자 살고 있었습니다. 부모님도 안 계신 총각은 너무나 가난해서 장가도 못 갔지만 부지런하고 착했어요.
　어느 날 총각이 논에서 김을 매고 있었습니다. 하루 종일 허리를 구부리고 일을 하자니 힘이 들어서 자기도 모르게 중얼거렸어요.
　"이렇게 힘들게 농사를 지어봤자 누구랑 먹고 사나."
　그랬더니 어디선가 "나랑 먹고 살지." 하는 소리가 들렸어요.
　총각은 주위를 둘러보았습니다. 하지만 아무도 없었어요. 잘못 들었다고 생각한 총각은 다시 김을 매다가 또 중얼거렸지요.
　"아이고, 이렇게 농사지어봤자 누구랑 먹고 사나."
　"나랑 먹고 살지."
　아까와 같은 소리가 또 들렸습니다. 그렇지만 아무도 둘러봐도 사람은 없었어요. 총각은 다시 한번 중얼거리면서 소리가 어디서 나는지 잘 살펴보기로 했어요.
　"이렇게 농사를 지어봤자 누구랑 먹고 사나."
　"나랑 먹고 살지."
　총각은 소리가 나는 쪽으로 가보았습니다. 분명히 사람의 목소리였는데 논바닥에 커다란 우렁이 한 마리만 있었어요.
　"참 이상하네. 우렁이가 말을 했을 리도 없고."

총각은 우렁이를 집으로 가져와 부엌에 있는 물항아리에 넣어 두었습니다.

다음 날 총각이 일을 마치고 집으로 돌아와 보니 집 안이 깨끗하게 치워져 있었습니다. 게다가 먹음직스러운 밥상까지 차려져 있었지요.

"이상한 일이네. 누가 청소를 해주고 밥까지 해 놓았을까?"

일하느라 배가 몹시 고팠던 총각은 차려진 밥을 맛있게 먹었습니다. 그런데 다음 날에도 같은 일이 일어났습니다. 누가 집 안을 청소하고 밥을 해 놓는지 궁금했던 총각은 다음 날 일하러 나가는 척하고 문밖으로 나갔다가 살금살금 돌아와 부엌문 뒤에 숨어 지켜보았어요. 그런데 부엌에 있는 물항아리에서 환한 빛이 나더니 선녀처럼 고운 각시가 나왔습니다. 각시는 집 안 곳곳을 청소하고는 밥을 지었어요. 물항아리에서 나온 우렁각시가 자기를 위해 일하는 모습을 본 총각은 너무 놀랐습니다. 각시는 밥상을 다 차려놓고는 다시 물항아리로 들어가려고 했어요. 총각은 달려 나가 각시를 붙잡았습니다.

"가지 말고 나랑 같이 살아요."

"아직 같이 살 때가 안 되었으니 좀 더 기다리세요."

오랫동안 혼자 살던 총각은 더 기다릴 수 없어 우렁각시에게 간청해 결국 결혼할 수 있었어요.

작품정보

「우렁각시」

부지런하고 착한 총각이 우렁각시와 결혼을 합니다. 하지만 원님의 훼방을 받고 헤어지게 되고, 신랑은 색시를 그리워하다 목숨을 잃고 파랑새가 된다는 이야기입니다. 이 부분은 외롭게 혼자 살던 총각이 자기를 위해 집안일을 해주는 우렁각시와 결혼하는 장면입니다.

1. 다음 중 '김'을 〈보기〉와 같은 의미로 쓴 문장을 고르세요.

> **보기**
> 어느 날 총각이 논에서 **김**을 매고 있었습니다.

① 할아버지는 텃밭에서 한참 동안 **김**을 매고 오셨다.

② 버스에 타니 안경알에 **김**이 서려 아무것도 안 보였다.

③ 나는 오늘 아침에 밥을 **김**에 싸서 먹었다.

④ 말 나온 **김**에 지금 당장 놀이터로 나가자.

2. 총각이 장가를 가지 못한 까닭을 고르세요.

① 부지런하고 착해서

② 아직 장가갈 때가 아니라고 생각해서

③ 마음에 드는 신붓감이 없어서

④ 부모님도 안 계시고 너무 가난해서

3. 다음 문장 중 맞는 것에는 O표, 틀린 것에는 ✕표 하세요.

① 총각은 부모님을 정성스레 모시면서 착하게 살고 있었어요. (   )

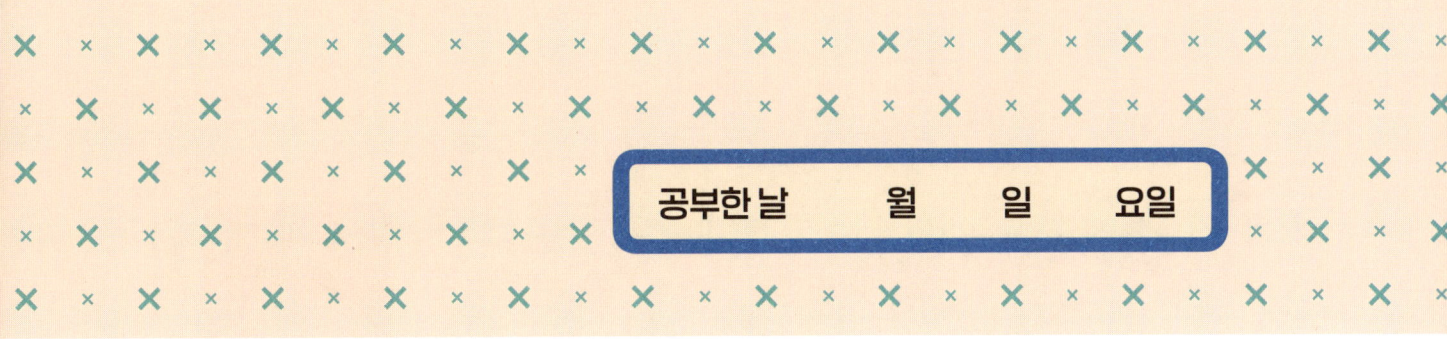

② 총각은 논에서 김을 매다가 사람의 목소리를 들었어요. (　　)

③ 총각은 우렁이를 가져와 우물에 넣어 주었어요. (　　)

④ 우렁각시는 총각이 없을 때 몰래 집안일을 했어요. (　　)

4. 이 글의 내용을 잘못 이해한 친구를 고르세요.

① 영우: 총각은 가족도 없이 혼자 살아서 외로웠겠다.

② 재현: 총각은 마음씨가 착해서 우렁이 같은 동물의 말도 알아들은 거야.

③ 주희: 총각의 집안일을 몰래 해준 우렁각시는 참 착해.

④ 하나: 우렁이가 어여쁜 각시로 변하는 걸 보고 총각이 놀랐겠네.

5. 밑줄 친 곳에 알맞은 말을 넣어 이야기 내용을 간추려 보세요.

착하고 부지런한 _____이 논에서 '나랑 같이 살지' 하는 소리를 듣고 _____를 집으로 가져왔어요. 우렁이는 _____로 변해 총각의 집안일을 도와주었어요. 총각은 우렁각시와 결혼해 행복하게 살았습니다.

09 바리데기
딸을 버린 벌

먼 옛날 불라국의 오구대왕이 혼인을 서두르고 있었어요. 그런데 용한 점쟁이가 그해에 혼인하면 딸만 일곱, 다음 해에 혼인하면 아들을 셋 낳을 것이라며 혼인을 다음 해로 미루라고 했지요. 하지만 오구대왕은 그 말을 무시하고 그해에 바로 혼인을 했답니다.

몇 년 후 왕비가 첫 아이를 낳았습니다. 공주였어요. 대왕은 첫딸에게 예쁜 이름을 지어주고 몹시 아꼈어요. 그런데 두 번째 아이도, 세 번째 아이도 딸이었어요. 그렇게 해서 여섯 번째까지 딸만 태어나자 오구대왕은 근심이 커졌지요.

그러던 중 왕비가 일곱 번째 아이를 가졌고, 청룡 황룡이 나오는 태몽을 꾸었어요. 그 말은 들은 오구대왕은 몹시 기뻤습니다.

"이번에는 반드시 아들이겠구나! 왕자가 나겠구나!"

그러나 일곱 번째도 딸이 태어났습니다. 오구대왕은 불같이 화를 냈습니다.

"내가 전생에 죄가 많았나 보구나. 그 애를 당장 내다 버려라."

왕비는 통곡하며 그럴 수 없다고 했지만, 대왕의 노여움을 꺾을 수 없었습니다. 왕비는 아기의 옷고름에 생년월일과 '바리데기'라는 이름을 적어 주었어요. '버려지는 아기'라는 뜻이었지요. 바리데기는 성 밖에 버려지고 말았습니다.

다행히도 마음 착한 할아버지와 할머니가 버려진 바리데기를 발견했어요. 자식이 없던 할아버지와 할머니는 바리데기를 데려다 정성을 다해 키웠습니다. 바리데기는 무럭무럭 자랐어요.

한편 일곱째 딸을 버린 오구대왕은 그때부터 얼굴에 웃음이 사라져 버렸습니다. 날이 갈수록 몸이 야위더니 마침내 깊은 병에 걸려 자리에 눕고 말았어요. 용하다는 의원들이 수없이 다녀갔지만, 대왕의 병은 깊어만 갔습니다.

그러던 어느 날 한 스님이 왕비를 찾아와 말했습니다.

"대왕님의 병은 일곱째 공주를 버려 하늘에서 내린 벌입니다. 병을 고치려면 서천서역국에 가서 생명수를 길어다 드셔야 합니다."

이 말을 들은 왕비는 궁궐의 모든 신하를 모아놓고 왕을 살리기 위해 서천서역국에 가서 약수를 구해 오라고 했습니다. 그러나 가겠다고 나서는 신하가 한 명도 없었습니다. 왕비는 답답한 마음에 여섯 공주에게 약수를 구해오라고 말했어요.

"어머니, 궁궐 바깥도 나가본 적 없는 우리가 어떻게 그 멀고 험한 서천서역국에 갈 수 있겠어요?"

그 모습을 지켜보던 시종 하나가 일곱째 공주님을 찾아오겠다고 나섰습니다.

작품정보

「바리데기」

부모에게 버려졌던 바리데기가 아버지의 목숨을 구하기 위해 멀고도 험한 길을 다녀오는 이야기입니다. 이 부분은 오구대왕이 딸만 내리 일곱을 낳자, 막내딸을 버리고 그 벌로 깊은 병에 걸리게 되어 다시 막내딸을 찾게 되는 내용입니다.

1. 다음 중 두 낱말의 관계가 나머지와 다른 것을 고르세요.

① 대왕-신하   ② 죄-벌   ③ 병-약   ④ 생명수-약수

2. 다음은 점쟁이가 왕에게 결혼을 미루라고 한 까닭입니다. 빈칸에 알맞은 말을 쓰세요.

> 용한 점쟁이가 그해에 혼인하면 딸만 ☐☐, ☐☐ 해에 혼인하면 아들을 ☐ 낳을 것이라며 혼인을 다음 해로 미루라고 했지요.

3. 왕비는 아기의 옷고름에 '바리데기'라는 이름을 적어주었어요. '바리데기'의 뜻을 써 보세요.

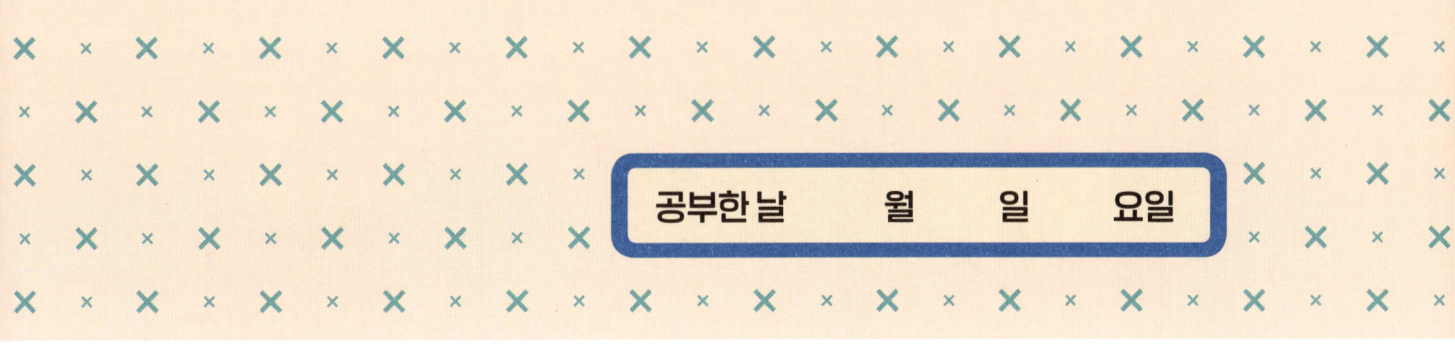

4. 이 이야기 뒤에 이어질 내용으로 어울리지 않는 것을 고르세요.

① 시종이 어렵게 바리데기를 찾아서 데리고 왔어요.

② 여섯 공주가 갑자기 마음을 바꿔 서천서역국에 가겠다고 했어요.

③ 바리데기가 아버지를 위해 서천서역국에 가서 약수를 구해왔어요.

④ 아버지는 바리데기를 버렸던 잘못을 뉘우쳤어요.

5. 밑줄 친 곳에 알맞은 말을 넣어 이야기 내용을 간추려 보세요.

> 오구대왕의 일곱째 딸로 태어나 성 밖에 버려진 아이 _____는 착한 할아버지 할머니 손에서 잘 자랐어요. 그러나 _____은 큰 병에 걸렸고 그 병이 나으려면 서천서역국의 _____를 마셔야 했지만 아무도 가려 하지 않았어요.

10 강림 도령
저승에 간 이승 차사

강림은 김치 고을의 차사였습니다. 잘생기고, 키도 크고, 힘도 센 데다 도둑도 잘 잡아 고을에서 칭찬이 자자했지요.

어느 날 과양생이 부부가 아들 삼 형제의 억울한 죽음을 밝혀달라고 김치 고을 관아에 찾아왔어요. 과양생이 부부의 세 아들은 한날한시에 과거에 급제하고 집에 돌아와 부모님께 절을 하다 그대로 쓰러져 죽었답니다. 그날부터 날마다 관아 앞에서 대성통곡하는 과양생이 각시 때문에 원님은 다른 일을 할 수 없을 정도로 골치가 아팠습니다. 그러자 원님의 부인이 원님에게 말했습니다.

"삼 형제의 죽음을 밝히려면 염라대왕에게 물어봐야 할 것 같사옵니다."

"그런데 누가 무슨 수로 염라대왕에게 물어본단 말이오. 염라대왕을 만나려면 저승에 가야 하고, 저승에 가려면 죽어야 하는데."

원님이 이렇게 걱정하자 부인이 대답했습니다.

"강림 도령을 보내시지요."

원님은 좋은 생각이라며 기뻐했습니다. 용감하고 힘센 강림이 염라대왕을 잡아 오면 삼 형제의 죽음을 밝힐 수 있을 것이고, 잡아 오지 못하더라도 과양생이 부부에게 염라대왕을 잡아 올 때까지 기다리라고 하면 될 테니 말이에요.

저승에 가서 염라대왕을 잡아 오라는 사또의 명을 받은 강림은 집으로 돌아가 한숨만 푹푹 쉬었습니다. 그러나 강림의 아내는 강림의 이야기를 듣더니 걱정할 것 없다며 정성스레 떡을 만들기 시작했습니다.

아내가 해준 떡을 가지고 길을 나선 강림은 길에서 만난 할머니와 할아버지에게 그 떡을 나누어 주었어요. 할아버지와 할머니는 강림에게 저승 가는 길을 알려주었습니다. 그 할아버지와 할머니는 강림의 집을 지키는 조왕신과 문전신이었는데, 강림 아내가 정성으로 빚은 떡을 먹고 강림을 도와준 것이었어요.

강림은 염라대왕이 지나간다는 초군문 기둥 밑에서 잠을 잤습니다. 다음 날 새벽 요란한 소리에 잠에서 깨니 초군문 안에서 가마들이 나오고 있었어요. 다섯 번째 가마가 나타나자마자 강림은 앞으로 썩 나섰습니다. 눈 깜짝할 사이에 가마 안에 있던 염라대왕의 손과 발을 묶고 온몸을 밧줄로 칭칭 감았습니다. 꽁꽁 묶인 염라대왕이 강림에게 물었습니다.

"누구냐!"
"김치 고을 이승 차사 강림이라 하옵니다."
"이승 차사가 무슨 일로 저승까지 왔느냐?"
"대왕님을 모시고 오라는 원님의 명을 받고 왔사옵니다. 같이 이승으로 가 주셔야겠습니다."

「강림 도령」

김치 고을 관아의 차사였던 강림이 저승에 가서 염라대왕의 차사가 되는 이야기입니다. 이 부분은 강림이 김치 고을 사또의 명으로 저승에 가 염라대왕을 잡는 장면입니다.

1. 다음 풀이에 알맞은 낱말을 〈보기〉에서 찾아 빈칸에 쓰세요.

> **보기**
> 급제   조왕신   관아   문전신   차사

① ☐☐ : 예전에 고을 원님이 죄인을 잡기 위해 보내는 관원을 이르던 말

② ☐☐ : 예전에 관리나 벼슬아치가 모여 나랏일을 처리하는 곳을 이르던 말

③ ☐☐ : 과거에 붙음

④ ☐☐☐ : 부엌을 맡는다는 신

2. 다음 중 강림에 대한 설명으로 틀린 것을 고르세요.

① 잘생기고 키가 크고 힘도 셌다.

② 김치 고을의 차사로서 도둑을 잘 잡았다.

③ 과양생이 부부의 부탁으로 저승에 가게 되었다.

④ 아내가 만든 떡을 가지고 저승을 향해 길을 나섰다.

3. 다음은 원님이 강림을 저승으로 보낸 까닭입니다. 알맞은 말을 골라 ○표 하세요.

62 Week 2

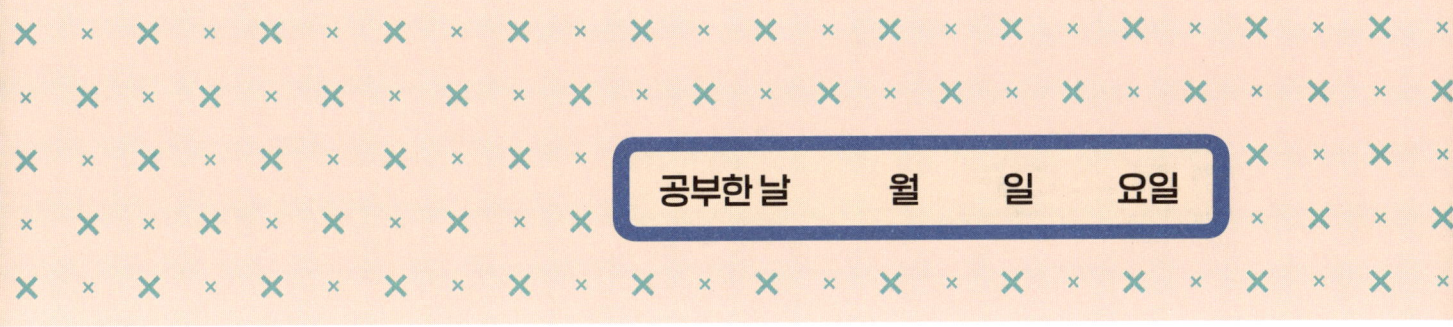

> 용감하고 힘이 센 강림이 **(염라대왕 / 조왕신)**을 잡아 오면 **(과양생이 / 삼 형제)**의 죽음을 밝힐 수 있을 것이다. 만약 잡아 오지 못하더라도 **(과양생이 / 강림)** 부부에게 강림이 염라대왕을 잡아 올 때까지 기다리라고 하면 된다.

4. 사건이 일어난 순서대로 ( ) 안에 번호를 써 보세요.

① 과양생이 부부의 세 아들이 죽었어요. (   )

② 강림이 저승에서 염라대왕을 잡았어요. (   )

③ 과양생이 각시가 날마다 관아에 찾아와 대성통곡했어요. (   )

④ 원님이 강림에게 저승에 다녀오라고 했어요. (   )

⑤ 조왕신과 문전신이 강림에게 길을 알려주었어요. (   )

5. 밑줄 친 곳에 알맞은 말을 넣어 이야기 내용을 간추려 보세요.

> 김치 고을의 차사였던 _____은 _____을 잡아 오라는 원님의 명을 받았어요. 강림은 아내와 조왕신과 문전신의 도움으로 _____에 가 염라대왕을 잡았습니다.

고전 속으로

6.「구렁덩덩 신선비」

옛날 나이 많은 영감과 할머니가 살고 있었는데, 할머니가 잉태해서 낳고 보니 구렁이였어요. 이웃에는 딸 셋을 둔 부잣집이 있었는데 소문을 듣고 딸들이 찾아와서 보더니 구렁이가 더럽다고 했어요. 그러나 셋째 딸만 구렁덩덩 신선비를 낳았다고 하였어요. 이 말을 들은 구렁이는 어머니에게 셋째 딸에게 청혼하라고 말했어요. 어머니가 부잣집에 청혼하자 첫째 딸과 둘째 딸은 거절하는데 셋째 딸이 부모님 시키는 대로 하겠다고 하여 혼인이 이루어졌어요. 첫날밤에 구렁이는 신부가 끓여준 물에 몸을 헹구더니 허물을 벗고 옥골선풍의 신선 같은 선비가 되었어요. 어느 날 구렁이는 색시에게 구렁이 허물을 잘 보관하라고 당부하고 한양(서울)으로 과거를 보러 갔지요. 그런데 언니들이 찾아와 구렁이 허물을 찾아 화로에 넣어 태워 버렸어요. 한양에 있던 신선비는 구렁이 허물이 불에 탔음을 알고 자취를 감추었어요. 신선비가 돌아오지 않자 색시는 신선비를 찾으려고 집을 나섰어요. 길을 가다가 까마귀, 멧돼지, 빨래하는 여인, 논을 가는 농부 등을 만나 그들이 요구하는 일을 해주고 신선비의 행방을 물어 신선비의 집을 찾아가서 마침내 만나게 되었어요. 이 설화는 신비스러운 경험을 통해서 고난을 극복하고 온전한 행복을 향한 투지를 보여주고 있어요.

7.「아기장수 우투리」

임금과 벼슬아치들이 폭정을 부려 시달리던 백성들이 영웅을 바라던 때의 이야기입니다. 산골에 살던 가난한 부부에게 아이가 태어나는데 부부는 아기 이

름을 우투리라 지었어요. 아기 우투리는 겨드랑이에 붙은 조그마한 날개로 날아다니는 모습을 보였답니다. 영웅이 태어났다는 소문을 들은 임금은 군사를 보내 우투리를 잡으려 했어요. 우투리는 콩 한 말을 가져와 어머니에게 볶아달라고 했는데, 어머니는 콩을 볶다가 튀어나온 콩 한 알을 배가 고파 주워 먹었어요. 우투리는 볶은 콩으로 갑옷을 만드는데 딱 한 알이 모자라서 왼쪽 겨드랑이 날갯죽지 아래를 못 가리게 되었지요. 우투리는 부모에게 자신이 죽으면 바위 밑에 좁쌀 서 되, 콩 서 되, 팥 서 되를 같이 묻고, 삼 년 동안 묻힌 곳을 알리지 말라고 했어요. 우투리는 왼쪽 겨드랑이에 적중한 화살로 죽음을 맞이하고 우투리의 부모는 그를 뒷산 바위에 묻어 주었어요. 그런데 삼 년이 되기 하루 전날 우투리의 묘가 발각되어 그의 계획은 실패하고 말아요. 영웅의 출현을 통해 부패한 세상의 개혁을 원하는 민중의 바람이 스며든 이야기지만 슬픈 결말이라는 게 특징입니다.

8. 「우렁각시」

가난한 노총각이 밭에서 일을 하다가 "이 농사를 지어 누구랑 먹고살지?" 하자, 어디선가 "나랑 먹고살지." 하는 소리가 들려왔어요. 총각이 소리가 나는 곳을 찾아가 보니, 우렁이 하나가 나왔어요. 총각은 우렁이를 집에 가져와 물독 속에 넣어 두었는데, 그 뒤부터는 매일 들에 갔다 오면 밥상이 차려져 있었어요. 이상하게 생각한 총각이 숨어서 살펴보았더니, 물독 속에서 예쁜 처녀가 나와서 밥을 지어 놓고는 도로 들어갔어요. 총각이 처녀에게 같이 살자고 하자, 처녀는 좀 더 기다리라고 했어요. 그러나 총각은 처녀를 그냥 보낼 수 없어서 간청하여 함께 살았습니다. 어느 날 원님이 혼자 있던 색시를 관아로 데려오게 하여 부부는 이별하게 되었답니다. 「우렁각시」의 결말은 여러가지가 전해집니다. 결말에 따라서 행복한 사랑 이야기가 되기도 하고 안타까운 비극이 되기도 해요. 동물이 변해 사람이 되는 상상력이 돋보이고 사람 사이의 인연의 중요함을 담은 이야기입니다.

9. 「바리데기」

불라국 오구대왕은 혼례를 일 년 미루어야 아들을 낳고, 길하다는 예언을 무시하고 결혼한 탓에 아들을 낳지 못하였습니다. 딸만 계속 낳다가 일곱째도 딸로 태어나자 왕이 공주를 버리게 했어요. '바리데기'라는 이름을 붙이고 공주는 버려졌지만, 마음 착한 노부부가 구해 키웠어요. 후에 왕이 죽을병이 들어 점을 쳐 보니 서천서역국의 생명수로만 구할 수 있다고 했어요. 여섯 공주 모두는 그곳에 가길 거부했지요. 한편 바리데기는 자신이 처한 상황을 알게 되고, 바리공주로서 자신을 버린 부모를 위해 그곳에 가겠다고 했지요. 바리공주가 서천서역국까지 갔는데, 그곳의 수문장이 바리공주와 일곱 해를 살고 일곱 아들을 낳아야 약을 주겠다고 했어요. 바리공주가 그 조건을 채운 뒤 수문장과 일곱 아들과 함께 약을 갖고 돌아오는데, 궁에서 나오는 부모님의 상여와 마주치지요. 하지만 가져온 영약으로 돌아가신 부모님을 되살린답니다. 이 이야기의 주제는 '효'라고 할 수 있는데, 부모의 병을 고치기 위해 온갖 시련을 극복하고

약을 구해 오는 바리데기의 모험 속에는 저승에서 고통받는 영혼들을 좋은 곳으로 안내하는 일을 맡게 된 바리데기의 자애로움도 나타나 있어요.

10. 「강림 도령」

김치 고을 원님은 과양생이 부부의 아들 삼 형제의 죽음에 관한 문제를 자신이 해결할 수 없자, 고을에서 가장 힘이 세고 똑똑한 강림 도령에게 저승에 가서 염라대왕을 잡아 오라고 하였어요. 강림 도령은 아내가 정성껏 만들어준 떡을 저승길에 만난 조왕신과 문전신에게 대접하고 염라대왕이 있는 곳까지 가게 됩니다. 그곳에서 염라대왕과 함께 관아로 돌아왔는데, 염라대왕은 과양생이 부부에게 "너희가 몇 년 전, 동경국 버무왕의 삼 형제를 죽여서 그 혼들이 복수한 것이다. 죄 없는 형제를 죽였으니, 너희 또한 천벌을 받아야 한다."라고 하며 과양생이 부부를 죽여 저승으로 보내고 삼 형제를 살려내 집으로 돌려보냈어요. 그리고는 원님에게 똑똑하고 일 잘하는 강림 도령을 저승에 데려가겠다고 말하고 저승 차사에 봉해 세상 사람들을 정해진 수명에 맞춰 저승에 데리고 오는 과업을 맡겼답니다. 「강림도령」 이야기를 통해 사물을 대할 때건 무슨 일을 행할 때건, 온 정성과 온 마음을 다하고 매사에 조심을 기한다는 우리 조상들의 정신을 엿볼 수 있습니다. 또 조상들이 모시던 다양한 신들의 세계도 만나볼 수 있어요.

짧은 글 쓰기 연습 2

낱말과 사자성어의 뜻과 쓰임을 익히고 그 낱말과 사자성어를 사용해 문장을 만들어 보세요.

1. 아래 가로 열쇠, 세로 열쇠의 풀이말을 보고 퍼즐 빈칸에 알맞은 낱말을 〈보기〉에서 찾아 써 보세요.

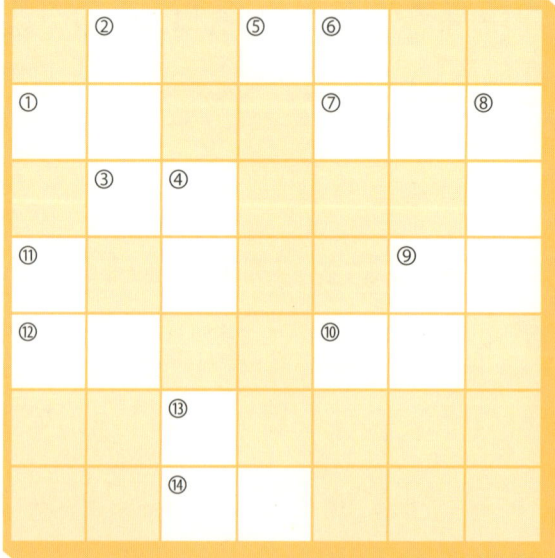

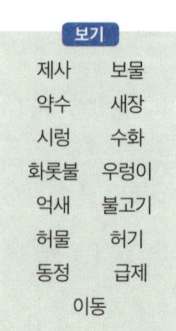

보기

제사   보물
약수   새장
시렁   수화
화롯불 우렁이
억새   불고기
허물   허기
동정   급제
　　이동

🗝 가로 열쇠
① 물건을 얹어 놓기 위해, 방이나 마루의 벽에 두 개의 나무를 가로질러 선반처럼 만들어 놓은 것
③ 움직여 옮김
⑤ 마시거나 몸에 바르거나 하면 약효가 있는 샘물
⑦ 화로에 담긴 불
⑨ 굶어서 몹시 배가 고픈 느낌
⑩ 매우 드물고 귀하여 가치가 있어 보배로운 물건
⑫ 새를 넣어 기르는 장
⑭ 신령이나 죽은 사람의 넋에게 음식을 차려 정성을 표하는 의식

🔑 세로 열쇠
② 논우렁과에 속한 고둥을 통틀어 이르는 말
④ 한복의 저고리 깃 위에 덧대어 꾸미는 흰 헝겊 조각
⑥ 청각 장애인과 언어 장애인들 사이에서 쓰이는 몸짓과 손짓에 의한 의사 전달 방법
⑧ 연한 살코기를 얇게 저며 양념해 재었다가 불에 구운 음식
⑨ 뱀이나 매미, 누에 따위가 벗는 껍질
⑪ 볏과에 속하는 여러해살이풀. 잎을 베어 지붕을 이는 데나 마소의 먹이로 쓴다.
⑬ 과거에 붙음

· 위의 낱말 중 세 개를 골라 하나씩 쓰고, 그 낱말을 넣어 각각 짧은 글을 지어 보세요.
　예) 화롯불: 예전에는 **화롯불**에 고구마도 구워먹었단다.

　　　　：
　　　　：
　　　　：

2. 다음 낱말에 쓰인 한자에 대해 알아봅시다.

| 者 | 놈 자 | 뜻: ①놈, 사람, ②것, ③곳, 장소 |

• 자(者)는 어떤 말의 뒤에 붙어 '그러한 역할을 하는 사람'이라는 뜻을 더하기도 해요.

보기

기**자**　환**자**　부**자**　소비**자**　수학**자**　연기**자**

• 다음 낱말 뜻을 보고 빈칸에 알맞은 낱말을 위의 〈보기〉에서 찾아 쓰세요.

① ☐☐☐ : 영화나 연극, 드라마 등에 출연하여 연기를 하는 사람

② ☐☐ : 병을 앓거나 몸을 다친 사람

③ ☐☐ : 신문, 잡지, 방송 등의 기사를 취재하여 쓰거나 편집하는 사람

④ ☐☐☐ : 물건을 사거나 쓰는 사람

⑤ ☐☐☐ : 수학을 연구하는 학자

⑥ ☐☐ : 재산이 많은 사람

3. 다음 사자성어의 뜻을 알아봅시다.

함흥차사(咸興差使)

형제들을 죽이고 왕위에 오른 태종 이방원은 아버지 이성계에게 용서를 빌고 다시 궁궐로 모셔 오기 위해 신하에게 '차사'라는 벼슬을 주어 함흥으로 보냈습니다. 이때 차사란 중요한 일을 위해 파견하던 임시직이었습니다. 그러나 태조 이성계는 차사가 함흥에 오면 곧바로 활을 쏘아 모두 죽여 버렸습니다. 이때부터 심부름하러 가서 아무 소식 없이 돌아오지 않거나 늦게 오는 사람을 가리켜 '함흥차사'라고 했습니다.

예) 민정이는 예준이 집에만 가면 **함흥차사**야. 뭐 하고 노는지 전화도 안 받네.

· 위 사자성어를 넣어 짧은 글을 써 봅시다.

글쓰기 연습 2

부탁하는 글

부탁하는 글은 주장하는 글의 종류 중 하나입니다. 누군가에게 부탁할 일이 있을 때 자신의 생각을 정리해 글로 써 보세요. 상대에게 바라는 것과 까닭을 분명히 밝히고, 예의 바른 태도로 써야 합니다.

부탁하는 글은 어떻게 쓸까요?

1. 받는 사람
행동을 고쳤으면 하거나 자신에게 무언가 해주길 바라는 것이 있는 상대 이름을 쓰세요.

2. 부탁하는 내용
상대가 고쳤으면 하는 행동이나 상대에게 원하는 것을 분명하게 씁니다.

3. 부탁하는 까닭
상대의 행동 때문에 내가 불편한 점이나 상대가 그 일을 해주면 좋은 점을 자세히 쓰세요. 그래야 상대의 마음을 움직일 수 있습니다.

4. 해결 방법
상대가 내 부탁을 들어주려면 어떻게 하는 것이 좋은지 방법을 써 주면 더 좋습니다.

5. 부탁하는 내용(강조)
앞에서 썼던 '부탁하는 내용'을 다시 한번 써주고 강조하세요.

6. 부탁하는 사람

● 다음은 우투리가 어머니에게 부탁하는 글이에요. 이 글을 참고해 부탁하는 글 쓰는 방법을 익혀 보세요.

받는 사람	사랑하는 어머니께
부탁하는 내용	어머니, 저 우투리예요. 혹시 제가 군사들과 싸우다가 죽으면 저를 뒷산 바위 밑에 묻어 주세요. 그리고 절대로 아무에게도 가르쳐주지 마세요.
부탁하는 까닭	만약 다른 사람이 제가 묻힌 곳을 알게 되면 우리는 영영 다시 만날 수 없기 때문이에요.
해결 방법	아무리 친한 사람이어도 절대 알려주지 마세요. 알려주고 싶은 생각이 들 때마다 비밀을 지켜야 3년 후에 우리가 다시 만날 수 있다는 사실을 떠올리세요.
부탁하는 내용 (강조)	어머니만 믿을게요. 절대로 아무에게도 가르쳐주시면 안 돼요.
부탁하는 사람	어머니를 굳게 믿는 우투리 드림

글쓰기 연습 2

부탁하는 글 쓰기

부탁하는 글을 써 봅시다.
먼저 내가 불편한 점이나 바라는 것을 떠올리세요. 그리고 그것을 고쳐주거나 이루어 줄 사람을 정하세요. 부모님이나 친구 중 하나일 수도 있지요. 그 사람에게 부탁하는 내용과 부탁하는 까닭, 해결 방법을 써 봅시다. 부탁할 때는 예의 바르게, 상대방의 입장을 생각하는 것 잊지 마세요.

1. 받는 사람:

2. 부탁하는 내용:

3. 부탁하는 까닭:

4. 해결 방법:

5. 부탁하는 내용(강조):

6. 부탁하는 사람:

- 위에 적어둔 내용을 글로 완성해 보세요.

받는 사람	
부탁하는 내용	
부탁하는 까닭	
해결 방법	
부탁하는 내용(강조)	
부탁하는 사람	

글쓰기 연습

Week 3

고조선을 세운 단군왕검
동부여를 다스린 금와왕
고구려를 세운 주몽
신라의 첫 번째 임금 박혁거세
알에서 태어난 석탈해

11 고조선을 세운 단군왕검
단군왕검의 탄생

　아주 먼 옛날, 하늘을 다스리는 환인에게는 아들이 여럿 있었어요. 그중 환웅이라는 아들은 늘 인간 세상을 내려다보며 사람들을 널리 이롭게 다스리고 싶어 했지요. 환웅이 다스리고 싶어 한 땅은 태백산 봉우리 세 개가 우뚝 솟은 '삼위태백'이라는 곳이었답니다.

　환인은 환웅에게 땅으로 내려가 인간 세상을 다스릴 것을 허락하며 천부인 세 개와 3천 명 무리를 내어주었어요. '천부인'은 나라를 다스리는 임금의 징표였는데 거울과 칼, 방울이었답니다.

　천부인을 가지고 3천 명 무리와 태백산으로 내려온 환웅은 '신단수'라는 신령스러운 나무 근처에 자리를 잡았어요. 그리고 자신이 다스릴 그곳을 '신시'라고 이름 지었습니다. 그리고 자신을 '환웅천왕'이라 부르게 했지요. 그러고는 하늘에서 함께 내려온 3천 명 무리 중에서 바람과 비, 구름을 잘 다스리는 세 사람을 뽑았어요. 그들에게 각각 '풍백', '우사', '운사'라는 벼슬을 주어 일을 맡겼습니다.

　환웅천왕은 인간 세상을 다스리기 시작했어요. 농사짓는 일, 병 고치는 일, 죄를 지은 사람을 벌하는 일, 옳고 그름을 가르치는 일 등 해야 할 일이 많았습니다. 환웅천왕은 사람들이 평화롭고 넉넉하게 살아가는 데 필요한 360가지가 넘는 일을 모두 주관하며 신시를 다스렸어요.

　환웅천왕의 가르침과 보살핌 덕에 사람 세상이 살기 좋아지자, 사람이 되고 싶어 하는 동물들도 있었답니다. 그중에서 같은 굴에 살던 곰 한 마리와 호랑이 한 마리가 환웅천왕에게 와서 자신들의 소원을 말했어요.

"환웅천왕님, 저희도 사람들과 같이 천왕님의 보살핌과 가르침을 받고 싶습니다. 저희도 사람이 되게 해 주세요."

이 말을 들은 환웅천왕은 곰과 호랑이에게 신령한 쑥 한 줌과 마늘 스무 개를 주면서 말했어요.

"이것을 먹으면서 햇빛을 보지 않고 굴속에서 100일 동안 지내면 사람이 될 수 있을 것이다."

호랑이는 도중에 포기해 사람이 되지 못했지만 잘 참고 견뎌낸 곰은 21일 만에 사람 여자로 변했어요. 이름을 '웅녀'라 했지요. 사람이 된 웅녀는 행복했지만 다른 여자들처럼 아이를 갖고 싶었습니다. 웅녀는 신단수 아래에 가서 날마다 빌었어요. 웅녀가 아기를 갖게 해 달라고 정성스레 비는 모습을 본 환웅천왕은 잠시 사람으로 변해 웅녀와 혼인을 했답니다. 얼마 후 웅녀는 소원대로 아들을 낳았어요. 이 아들이 훗날 고조선을 세운 '단군왕검'이랍니다.

작품 정보

「고조선을 세운 단군왕검」

하늘을 다스리던 환인의 아들 환웅이 인간 세상에 내려와 나라를 세우고, 그 아들 단군왕검이 조선을 세우는 이야기입니다. 이 부분은 환웅이 처음으로 인간 세상에 내려오게 된 이야기와 그 아들 단군왕검이 태어나는 내용입니다.

1. 다음 낱말들의 뜻을 찾아 줄로 이어 주세요.

① 삼위태백 · · ㉠ 나라를 다스리는 임금의 징표. 거울, 칼, 방울

② 천부인 · · ㉡ 환웅천왕이 땅 위에 내려와 다스린 곳

③ 신단수 · · ㉢ 태백산 봉우리 세 개가 우뚝 솟은 곳

④ 신시 · · ㉣ 신령스러운 나무

2. 다음은 환웅에 대한 설명입니다. 빈칸에 알맞은 말을 쓰세요.

> 환웅은 하늘을 다스리는 ☐☐ 의 아들이었어요. 환웅은 늘 ☐☐ 세상을 내려다보며 사람들을 널리 ☐☐☐ 다스리고 싶어 했지요.

3. 환웅이 한 일에 대한 설명으로 틀린 것을 고르세요.

① 환인에게 임금의 징표 '천부인'을 받았다.

② 태백산 신단수 근처에 내려와 자리를 잡았다.

③ 바람, 비, 구름을 잘 다스리는 세 사람을 뽑았다.

④ 옳고 그름을 가르치는 일은 다른 신하에게 맡겼다.

4. 다음은 단군왕검의 탄생 이야기입니다. 틀린 곳(두 곳)을 찾아 고쳐 보세요.

> 환웅천왕은 사람이 되고 싶어 하는 곰과 호랑이에게 쑥 한 줌과 마늘 스무 개를 주면서 굴속에서 100일을 지내라고 했습니다. 호랑이는 도중에 포기했지만, 곰은 100일 만에 여자로 변했어요. 사람이 된 '웅녀'는 잠시 사람으로 변한 호랑이와 혼인해 단군왕검을 낳았답니다.

5. 밑줄 친 곳에 알맞은 말을 넣어 이야기 내용을 간추려 보세요.

> 하늘을 다스리는 환인의 아들 _____이 인간 세상에 내려와 널리 이롭게 사람들을 다스렸어요. 환웅천왕은 _____와 혼인해 아들을 낳았는데 그 아들이 바로 고조선을 세운 _____이었습니다.

고조선을 세운 단군왕검 77

12 동부여를 다스린 금와왕

금빛 개구리를 닮은 아이

먼 옛날, 북쪽 땅에 북부여라는 나라가 있었습니다. 북부여는 해부루가 다스리는 나라였지요.

어느 날 해부루가 아끼는 신하 하나가 신기한 꿈을 꾸었습니다. 나라의 운명이 달린 꿈이라 여긴 신하는 해부루에게 자신이 꾼 꿈 이야기를 했어요. 꿈속에서 하늘의 임금인 천제가 내려와 이렇게 말했답니다.

"이 북부여 땅은 머지않아 내 자손이 와서 새 나라를 세울 땅이니라. 너희들은 다른 곳으로 옮겨 가도록 하여라. 동쪽으로 가면 가섭원이라는 기름진 땅이 있으니, 그곳을 도읍으로 삼도록 하라."

신하의 꿈 얘기를 들은 해부루는 그것이 보통 꿈이 아니라 천제의 명이라는 것을 알았습니다. 그래서 곧 동쪽의 가섭원으로 도읍을 옮기고 나라 이름도 바꾸었지요. 북부여에서 '동부여'로 말이죠.

동부여의 왕 해부루에게는 오래된 걱정거리가 있었습니다. 자식이 없다는 것이었어요. 아들을 낳아야 대를 이어 왕의 자리를 물려줄 텐데 말이지요. 그래서 해부루는 좋은 산과 강을 찾아다니며 훌륭한 아들을 달라고 제사를 지냈습니다.

해부루가 제사를 지내러 가다 '곤연'이라는 커다란 연못가를 지날 때였습니다. 연못가에 이르자 해부루가 타고 있던 말이 갑자기 멈춰서더니 꿈쩍도 하지 않고 서서 눈물을 흘리는 것이었어요. 가만히 살펴보니 말은 연못가에 있는 큰 바위를 향해 울고 있었어요.

'저 바위 밑에 무엇이 있기에 말이 저렇게 우는 것인가?'

이상하게 생각한 해부루는 신하들을 시켜 그 바위를 치우게 했습니다. 꿈쩍 않는 무거운 바위를 겨우겨우 굴려서 치웠더니 놀랍게도 바위 밑에는 아기가 웅크리고 있었어요. 개구리처럼 생긴 사내아이였는데 온몸이 금빛으로 빛나고 있었답니다. 해부루는 아기를 보고 기뻐하며 말했어요.

"하늘이 내 기도를 들어주셨구나. 내게 아들을 주셨어. 저 아이를 데리고 가자."

해부루는 아기를 소중히 품에 안고 궁으로 왔습니다. 그리고 아기에게 '금와'라는 이름을 지어 주었습니다. '금빛 나는 개구리'라는 뜻이었지요. 해부루는 정성을 다해 금와를 키웠습니다. 그 정성에 보답이라도 하듯 금와는 건강하고 씩씩하며 총명하게 자라났습니다. 해부루는 금와를 자신의 뒤를 이을 태자로 삼았습니다.

훗날 해부루가 세상을 떠난 뒤에 금와가 왕의 자리를 이어받아 동부여를 다스리게 되었지요.

작품 정보

「동부여를 다스린 금와왕」

동부여의 왕 해부루가 도읍을 옮기고, 그가 데려온 아기가 왕이 되는 이야기입니다. 이 부분은 아들이 없던 해부루가 산과 강에 기도해 금빛으로 빛나는 개구리를 닮은 아들을 얻는 내용입니다.

1. 다음 중 <보기>의 '기름진(기름지다)'과 같은 뜻으로 쓰인 문장을 고르세요.

> **보기**
> 동쪽으로 가면 가섭원이라는 **기름진** 땅이 있으니, 그곳을 도읍으로 삼도록 하라.

① 가을이 되자 농부는 **기름진** 곡식을 수확했다.

② **기름진** 음식은 소화가 잘 안된다.

③ 마부는 **기름진** 말의 등을 쓰다듬었다.

④ 시골 할아버지 댁 앞에는 **기름진** 논과 밭이 있다.

2. 해부루가 도읍을 옮기고 나라 이름을 바꾼 이유를 고르세요.

① 아끼는 신하가 도읍을 옮기자고 간절히 부탁해서

② 천제가 나라를 옮기라고 했다는 신기한 꿈 이야기를 들어서

③ 좋은 산과 강을 찾아다니다 기름진 땅을 발견해서

④ 아들을 얻으려면 도읍을 옮겨야 한다고 해서

3. 다음 문장 중 맞는 것에는 ○표, 틀린 것에는 X표 하세요.

① 북부여는 해부루가 다스리는 나라였어요. (   )

② 꿈속에서 천제는 가섭원으로 도읍을 옮기라고 했어요. (   )

③ 해부루는 나라 이름을 동부여에서 북부여로 바꾸었어요. (   )

④ 해부루는 어느 아들에게 왕위를 물려줄지 고민했어요. (   )

4. 다음은 금와왕의 탄생 이야기입니다. 빈칸에 알맞은 말을 쓰세요.

해부루가 탄 말이 바위를 향해 울었어요. ☐☐를 치워보니 아기가 있었습니다. 해부루는 아이를 데려와 '금빛 나는 ☐☐☐'라는 뜻으로 '금와'라는 이름을 지어주고 정성껏 키웠어요. 금와는 씩씩하고 총명하게 자랐습니다.

5. 밑줄 친 곳에 알맞은 말을 넣어 이야기 내용을 간추려 보세요.

북부여의 왕 _____는 도읍을 옮기고 나라 이름도 _____로 바꾸었습니다. 해부루는 금빛 개구리를 닮은 아기를 궁으로 데려와 '_____'라 이름 짓고 태자로 삼았습니다. 그는 해부루의 뒤를 이어 동부여의 왕이 되었어요.

13 고구려를 세운 주몽
물고기와 자라가 놓아준 다리

　동부여의 금와왕은 우발수라는 강가를 지나다 혼자 울고 있는 젊은 여인을 보았어요. 그 여인은 물의 신 하백의 딸, 유화였습니다. 사연을 물어보니 유화는 물 밖에 나와서 하늘 임금님의 아들 해모수라는 사내와 하룻밤을 함께 지낸 일로 부모님께 쫓겨났다고 했어요.

　사정을 딱하게 여긴 금와왕은 유화를 궁궐로 데리고 갔습니다. 그런데 유화의 방에 들어오는 햇빛이 자꾸만 유화를 따라다녔어요. 그러더니 유화는 아기를 갖게 되었습니다. 여러 달이 지나 유화는 다섯 되나 되는 커다란 알을 낳았어요.

　금와왕은 해괴한 일이라며 알을 내다 버리라고 했습니다. 알을 들판에 버리자 동물들은 알을 슬슬 피하거나 감싸 주었어요. 깨뜨리려고 해도 깨지지도 않았지요. 금와왕은 그 알을 유화에게 돌려주었습니다.

　유화가 따뜻하게 보살핀 알 속에서 비범해 보이는 사내아이가 태어났어요. 아이는 일곱 살이 되자 재주가 뛰어나, 못 하는 일이 없었답니다. 제일 뛰어난 것은 활쏘기였어요. 당시 동부여에서는 활 잘 쏘는 사람을 '주몽'이라고 불렀어요. 그래서 사람들이 이 아이를 주몽이라고 불렀지요.

　주몽은 금와왕의 일곱 아들들과 함께 어울려 자랐어요. 그런데 일곱 왕자는 자신들보다 뛰어난 주몽을 점점 미워하게 되었지요. 어느 날 맏아들 대소가 아버지 금와왕에게 말했습니다.

"주몽은 사람의 자식이 아닙니다. 나중에 반드시 흉한 일이 생길 테니 주몽을 없애소서."

금와왕은 그 말을 듣지 않고 계속해서 주몽을 아꼈어요. 왕자들은 신하들과 함께 주몽을 죽이려는 흉계를 꾸몄지요. 이 사실을 알게 된 유화 부인이 아들 주몽을 불러 말했습니다.

"애야, 너를 해치려는 사람이 많구나. 네가 가진 재주라면 이 나라를 떠나서도 잘 살 수 있을 것이다. 어서 다른 곳으로 떠나거라."

주몽은 어머니의 말씀대로 친구 셋과 함께 길을 나섰습니다. 그런데 이를 눈치챈 대소 왕자가 부하들을 이끌고 주몽의 뒤를 쫓기 시작했습니다. 말을 달려 엄수라는 강가에 다다른 주몽 일행은 뒤에서 쫓아오는 대소 무리에게 꼼짝없이 죽게 되었어요. 이때 주몽이 강을 향해 큰 소리로 외쳤습니다.

"나는 하늘 임금의 손자이자 물의 신 하백의 외손자입니다. 저를 해치려는 자들에게 쫓기고 있으니 어찌하면 좋겠습니까?"

그러자 강에서 수많은 물고기와 자라들이 나타나 다리를 놓아 주었습니다. 주몽 일행은 물고기와 자라의 등을 밟고 무사히 강을 건넜고, 그들이 건너자마자 다리는 온데간데없이 사라져버렸지요. 동부여를 빠져나온 주몽은 졸본으로 내려가 새 나라 고구려를 세웠답니다.

작품정보

「고구려를 세운 주몽」

알에서 태어난 주몽이 자신을 위협하는 왕자들을 피해 동부여를 떠나 새 나라 고구려를 세우는 이야기입니다. 이 부분은 주몽의 신비로운 탄생 이야기와 물고기와 자라의 도움으로 주몽이 위기를 극복하는 장면입니다.

1. 다음 중 낱말을 잘못 사용해 뜻이 어색한 문장을 고르세요.

① 유나는 피아노에 비범한 **재능**을 보였다.

② 팥과 콩 한 **되**씩 주세요.

③ 일본은 조선을 차지하려는 **흉계**를 꾸몄다.

④ 그는 자신의 위험한 **일행**을 뉘우쳤다.

2. 다음 빈칸에 알맞은 이름을 쓰세요.

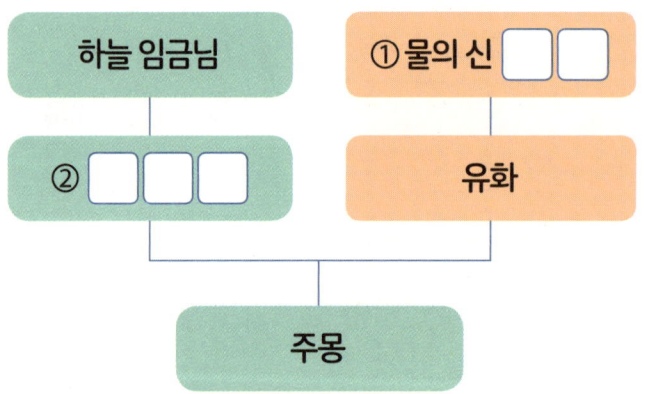

3. 다음 중 주몽이 특별한 사람이라는 것을 보여주는 내용이 아닌 것을 고르세요.

① 어머니인 유화가 물의 신 하백의 딸이었어요.

② 주몽은 친구 셋과 함께 동부여를 떠났어요.

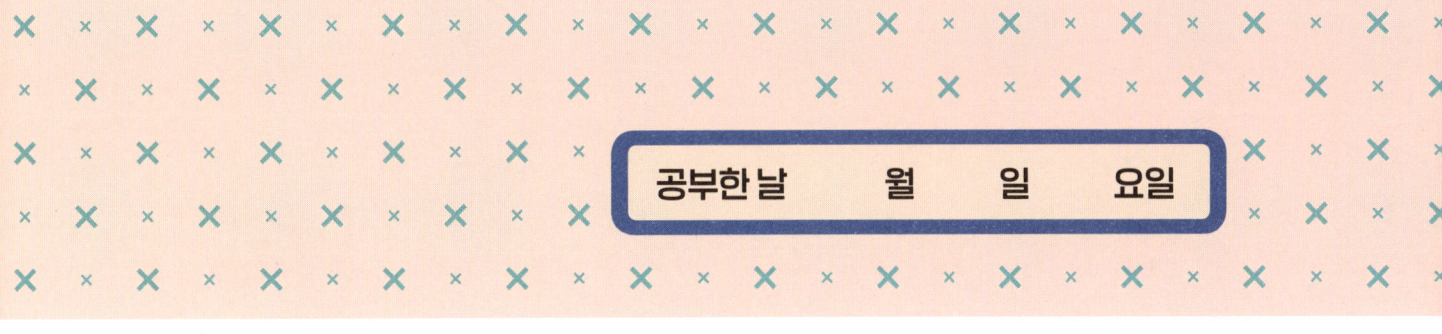

③ 주몽은 커다란 알에서 태어났어요.

④ 물고기와 자라들이 주몽 일행을 위해 다리를 놓아 주었어요.

4. 이 글의 내용을 잘못 이해한 친구를 고르세요.

① 지우: 유화를 따라다닌 햇빛은 하늘 임금님의 아들 해모수와 관계있나 봐.

② 윤재: 금와왕은 커다란 알을 낳은 유화를 싫어했구나.

③ 민희: 금와왕의 맏아들 대소가 주몽을 제일 싫어한 것 같아.

④ 하영: 주몽이라는 이름이 활 잘 쏘는 사람이라는 뜻이었구나.

5. 밑줄 친 곳에 알맞은 말을 넣어 이야기 내용을 간추려 보세요.

금와왕이 구해준 _____는 커다란 알을 낳았어요. 그 알에서 태어난 _____은 활쏘기 등의 재주가 뛰어나 그를 질투하는 사람들이 생겨났어요. 대소 왕자에게 쫓기던 주몽 일행은 물고기와 자라가 놓아준 다리 덕분에 무사히 _____를 탈출했습니다.

14 신라의 첫 번째 임금 박혁거세
환한 빛을 뿜는 아기 임금

옛날 진한 땅, 지금의 경주지역에 여섯 고을이 있었습니다. 아직 신라가 세워지기 전이었어요. 그 여섯 고을은 알천 양산촌, 돌산 고허촌, 무산 대수촌, 자산 진지촌, 금산 가리촌, 명활산 고야촌이었답니다. 이 여섯 고을의 촌장들은 각자 고을을 다스렸고, 중요한 일이 있을 때마다 모여 회의를 했어요.

어느 날 여섯 고을 촌장이 알천 상류에 모였습니다.

"백성들이 잘못된 생각으로 제멋대로 행동하니 큰일입니다. 덕 있는 이를 찾아 임금으로 삼고, 여섯 고을을 합쳐 한 나라를 세우는 것이 어떻겠습니까?"

"좋은 말씀입니다. 그러면 덕 있는 임금을 어떻게 찾으면 좋겠습니까?"

여섯 촌장은 높은 곳에 올라가 여섯 고을을 두루 살펴보았습니다. 그런데 남쪽 양산 아래 나정이라는 우물가에서 환한 기운이 뻗치고 있었어요. 그 옆에는 눈부시게 하얀 말 한 마리가 그 빛을 향해 절을 하고 있었지요. 모두 이상하게 여겨 우물가로 내려가 보니 커다란 알이 하나 있었습니다. 사람들이 몰려오는 것을 본 흰 말은 길게 울면서 하늘로 날아 올라가 버렸어요.

커다란 알을 깨보니 안에서 아주 튼튼하고 잘생긴 사내아이가 나왔습니다. 사람들은 신기하게 여기며 아이를 동쪽 샘으로 데려가 목욕을 시켰습니다. 몸을 씻어주자 아이 몸에서 밝은 빛이 뿜어져 나오면서 온 세상이 환해졌어요. 온갖 새들이 몰려와 춤을 추고 하늘과 땅이 흔들렸지요. 사람들은 아이 이름을 '혁거세'라고 지었습니다. 환한 빛으로 세상을 다스린다는 뜻이었어요.

이 소식을 들은 온 나라 사람들이 축하하며 임금에게 맞는 덕 있는 왕비를 찾아 짝을 지어 드려야 한다고 했습니다. 마침 사량리 알영정이라는 우물가에 닭처럼 생긴 용이 나타나 왼쪽 옆구리로 여자아이를 낳았어요. 참으로 아름다운 이 아이는 닭 부리같이 생긴 입술을 갖고 있었어요. 사람들이 아이를 월성 북쪽 냇물로 데리고 가 목욕을 시키니 닭 부리가 똑 떨어져 아주 고운 얼굴이 되었습니다.

사람들은 남산 서쪽 기슭에 궁궐을 지어 두 아이를 길렀습니다. 사내아이는 박처럼 둥근 알에서 태어났다고 해서 성을 박씨로 했어요. 여자아이는 알영정이라는 우물에서 나왔으니 알영이라는 이름을 지어주었지요.

이 두 아이가 자라 열세 살이 되자 박혁거세를 왕으로, 알영을 왕비로 삼고 나라 이름을 '서라벌'이라고 했습니다. '서라벌'을 줄여 '서벌'이라고 부르기도 하고, '사라' 또는 '사로', '사로국'이라고 부르기도 했습니다. 한참 뒤에는 이 나라 이름이 '신라'가 되었지요.

작품정보

「신라의 첫 번째 임금 박혁거세」

신라의 옛 땅을 나누어 다스리던 여섯 촌장이 알에서 나온 박혁거세를 임금으로 삼고 신라를 세우는 이야기입니다. 이 부분은 여섯 촌장이 임금과 왕비가 될 아기들을 발견하고 그 아기들이 자라 신라가 세워지는 내용입니다.

1. 다음 빈칸에 알맞은 낱말을 〈보기〉에서 찾아 쓰세요.

> **보기**
> 고을 상류 덕 기운 촌장 샘

① 한 마을의 우두머리를 ☐☐이라고 한다.

② ☐ 있는 사람을 임금으로 세웁시다.

③ 선선한 바람이 불어와 가을 ☐☐이 느껴진다.

④ 우리는 배를 타고 강의 ☐☐로 올라갔다.

2. 다음은 촌장들의 회의에 대한 내용입니다. 알맞은 말을 골라 O표 하세요.

> 옛날 (신라/진한) 땅의 여섯 촌장은 각자 고을을 다스렸고, 중요한 일이 있을 때마다 모여 (회의/잔치)를 했어요. 어느 날 회의에서 촌장들은 여섯 고을을 합쳐 한 나라를 세우고 덕 있는 사람을 (촌장/임금)으로 삼기로 했습니다.

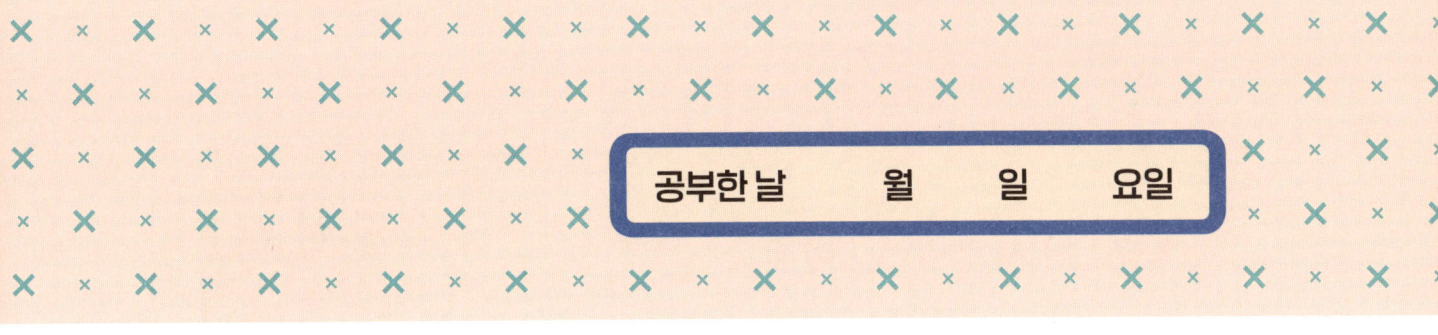

3. 박혁거세에 대한 설명으로 옳은 것을 고르세요.

① 알영정이라는 우물가에서 발견된 알에서 태어났어요.

② 눈부시게 하얀 용이 혁거세가 들어있는 알을 향해 절을 했어요.

③ '혁거세'는 환한 빛으로 세상을 다스린다는 뜻이에요.

④ 알에서 나온 혁거세를 씻겨주자 천둥번개가 쳤어요.

4. 박혁거세가 왕이 되어 다스린 나라는 나중에 '신라'로 이름을 바꾸었어요. 처음 이름은 무엇이었는지 찾아 쓰세요.

5. 밑줄 친 곳에 알맞은 말을 넣어 이야기 내용을 간추려 보세요.

> 옛날 _____ 땅의 촌장들이 여섯 고을을 합쳐 나라를 세우려고 임금을 찾아 나섰어요. 알에서 나온 사내아기 _____와 알영정에서 찾은 여자아기 _____이 열세 살이 되자 이들을 왕과 왕비로 삼고 '서라벌(나중에는 '신라')'이라는 나라를 세웠습니다.

15 알에서 태어난 석탈해
상자 안에서 나온 용왕의 아들

신라 남해왕 때의 일입니다. 가락국의 동쪽 바다에 낯선 배가 나타났어요. 가락국의 임금 수로왕은 바닷가로 나갔습니다. 신하들, 백성들과 함께 북을 치고 환호하면서 그 배를 맞이하려고 했지요. 그런데 무슨 일인지 그 배는 도망가듯 급히 방향을 돌려 신라의 동쪽 하서지촌 아진포라는 포구로 갔습니다.

그 바닷가에는 '아진의선'이라는 할머니가 있었어요. 혁거세왕의 배를 모는 뱃사공의 어머니였지요. 아진의선은 바다 쪽에서 까치 떼가 우는 것을 보고 이상하게 여겼어요.

"이상한 일도 다 있네. 저 바다 한가운데는 바위가 없는데 어째서 까치들이 모여 울고 있을까?"

하면서 배를 타고 가까이 가 보았습니다. 까치들이 모여 울고 있던 곳에는 바위가 아니라 낯선 배가 한 척 있었어요. 그 배를 끌어당겨 살펴보니 배 안에 커다란 상자가 하나 있었습니다. 아진의선은 그 배를 끌고 바닷가로 돌아와 숲 아래에 매어두었습니다. 그러고는 하늘에 정성을 다해 빌고 나서 상자를 열어 보았습니다. 상자 안에는 단정하게 잘생긴 사내아이가 있었습니다. 그 곁에는 일곱 가지 보물과 함께 하인들이 상자 가득 들어있었어요. 할머니는 이들 모두를 집으로 데리고 와 7일 동안 잘 대접해 주었어요. 7일 동안 보살핌을 받고 나서야 사내아이가 말했지요.

"나는 본래 용성국 사람입니다. 우리나라에는 일찍이 스물여덟 명의 용왕이 있었는데, 이들은 모두 사람의 모습을 하고 태어나 대여섯 살 때부터 왕위에 올라 온 백성을 가르치고 다스렸습니다. 저의 아버지 함달파도 용왕이었는데, 적녀국의 왕녀를 왕비로 맞이했습니다. 그런데 오랫동안 자식이 없어 아들 낳기를 간절히 기도해 7년 만에 커다란 알 하나를 낳았지요. 부왕께서 여러 신하를 불러 모아 놓고 '예로부터 지금까지 사람이 알을 낳는 일은 괴이한 일이니 좋은 일이 아니다.' 하고는 곧 궤짝을 만들게 했습니다. 그 안에 알을 넣고 일곱 가지 보물과 하인들을 함께 넣어 배에 실은 후 바다에 띄웠지요. '인연이 닿는 곳에 가서 나라를 세우고 집안을 이루거라.' 하고 빌어주면서 말입니다. 그러자 붉은 용이 나타나 배를 호위해 여기까지 오게 되었습니다. 내가 바로 그 알에서 태어났지요."

말을 끝낸 사내아이는 두 하인을 데리고 지팡이를 끌면서 토함산 위에 올라가 돌집을 지었습니다. 그리고 그 집에서 7일 동안 머물렀지요. 그러는 동안 성안에 살 만한 곳이 있는지 살펴보았어요. 마치 초승달처럼 생긴 봉우리가 보였는데 그곳이 살기 좋아 보였어요. 사내아이는 거기에 있는 집을 차지하려고 찾아가 집주인 호공에게 말했습니다.

"나는 석탈해라고 하는 사람인데, 이 집은 조상 때부터 우리 집입니다."

작품정보

「알에서 태어난 석탈해」

신라 제4대 왕 석탈해의 출생과 성장에 대한 이야기입니다. 이 부분은 배를 타고 온 석탈해가 가락국에 가지 않고 신라로 들어와 아진의선의 보살핌을 받은 뒤 자신이 누구인지 밝히는 장면입니다.

1. 다음 낱말들의 뜻을 찾아 줄로 이어 주세요.

① 포구 •　　　• ㉠ 왕자나 공주가 자기의 아버지인 임금을 이르던 말

② 뱃사공 •　　• ㉡ 따라다니며 곁에서 보호하고 지킴

③ 부왕 •　　　• ㉢ 배가 드나드는 항구

④ 호위 •　　　• ㉣ 노를 저어 배 부리는 일을 직업으로 삼는 사람

2. 다음은 석탈해가 탄 배가 간 곳에 대한 설명입니다. 빈칸에 알맞은 말을 쓰세요.

> 가락국 동쪽 바다에 나타났던 낯선 배는 ☐☐왕이 마중 나온 가락국으로 가지 않고 신라 동쪽 ☐☐☐라는 포구로 갔어요.

3. 아진의선이 발견한 배에 대한 설명으로 틀린 것을 고르세요.

① 그 배를 보고 바다 위에서 까치들이 모여 울었어요.

② 배 안에는 커다란 상자가 하나 있었어요.

③ 상자 안에는 사내아이와 보물과 하인들이 있었어요.

④ 배를 타고 온 사내아이는 7일 동안 아진의선을 정성껏 대접했어요.

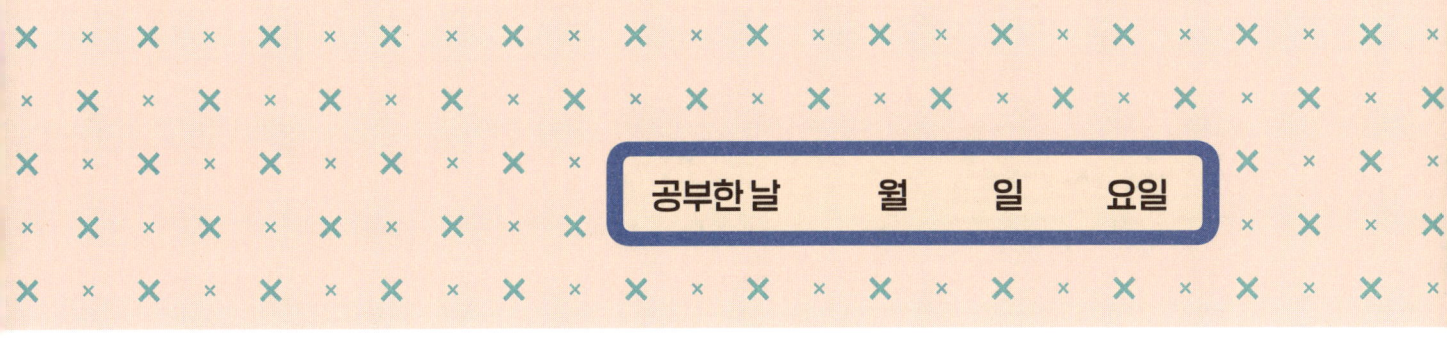

4. 석탈해는 용성국의 왕 함달파의 아들이었는데 왜 배를 타고 떠돌아다녔나요?

① 용성국 왕들은 모두 용왕이었는데 석탈해만 사람이어서

② 자신은 백성을 가르치고 다스릴 능력이 없다고 생각해서

③ 석탈해의 아버지가 왕비가 낳은 알을 배에 실어 보내서

④ 신라가 용성국이나 가락국보다 마음에 들어서

5. 밑줄 친 곳에 알맞은 말을 넣어 이야기 내용을 간추려 보세요.

> 신라 _____왕 때 동쪽 바다에 낯선 배가 나타났어요. 배 안에 있던 큰 상자에서 석탈해와 신하들이 나오자 _____은 그들을 잘 보살펴 주었습니다. 용성국의 왕자였던 _____는 토함산에 올라가 자기가 살 집을 찾았어요.

고전 속으로

11.「고조선을 세운 단군왕검」

개천절은 무엇을 기념하는 날일까요? 바로 우리나라 최초의 국가인 고조선의 건국을 축하하는 날이에요. 그렇다면 고조선을 세운 사람은 누구일까요? 고조선은 단군이라는 분이 세웠는데, 단군이 고조선을 세우는 과정은 고려 시대에 일연 스님이 쓴 『삼국유사』에 잘 나와 있어요. 우리 민족의 형성과 고조선의 건국은 청동기 시대에 이루어졌으며, 고조선은 농경을 주업으로 하는 사회였다고 해요. 환웅이 인간 세상에 내려올 때 거느렸던 풍백·우사·운사는 농경과 밀접한 관련이 있는 날씨를 관장하는 존재라고 해요. 또 단군왕검은 고유 명사가 아니라 제사장을 의미하는 '단군'과 정치적·군사적 지도자인 '왕검'이 합쳐진 용어랍니다. 한편 단군왕검이 1500년간 나라를 다스렸고 왕위에서 물러나 산신이 될 때 나이가 1,908세였다는 내용에 대해서는, 그 기간에 단군왕검의 칭호를 가지는 여러 명의 지도자가 대를 이어 고조선을 통치했다는 의미로 해석할 수 있어요.

12.「동부여를 다스린 금와왕」

'금와왕 신화'는 동부여 왕인 금와의 탄생에 관한 이야기입니다. 부여 왕 해부루가 늦도록 자식이 없어 산천에 기도를 드리던 중, 곤연에 이르러 큰 돌 밑에서 온몸이 금빛으로 빛나는 개구리 모양의 아이를 발견하고는 '금와'라고 이름 짓고 태자로 삼았는데, 그 아이가 자라서 동부여의 왕이 된다는 내용이에요. 개구리는 신화적으로는 물, 달, 여성적 원리를 상징해요. 그래서 개구리는 하

천 주변의 평야 지대에 거주하며 농경에 종사하는 종족의 상징 체계 속에 자주 등장합니다. 여러 신화에서 개구리는 비를 예고하거나 비를 내리게 하는 동물로 등장하지요. 개구리는 신화나 종교적 이미지를 표현한 미술작품의 이미지에 자주 나타납니다. '금와왕 신화'는 한국의 건국 신화나 왕권 신화 가운데 유일하게 개구리를 모티프로 지니고 있다는 점에서 의의가 있어요.

13. 「고구려를 세운 주몽」

주몽은 동부여에서 기원전 58년에 태어났어요. 혁거세가 신라를 세우기 바로 한 해 전이지요. 동부여 금와왕은 태백산 우발수에서 유화를 만납니다. 유화는 하백의 딸로 천제의 아들 해모수와 정을 통한 후 아버지에게 버림받고 우발수에 와서 살고 있었지요. 금와는 유화를 궁중에 머물게 했어요. 유화가 알을 낳으니 그 알에서 남자아이가 태어났어요. 이 아이는 활을 잘 쏘아서 이름을 '주몽'이라고 불렀어요. 영특하고 총명하여 금와왕의 아들들이 시기하고 죽이려 하자 주몽은 졸본으로 와서 고구려를 건국하였지요. 주몽은 자신이 천제의 아들임을 자랑스럽게 여겼어요. 이러한 자긍심은 부여를 떠나 고구려를 세울 때도, 주변 나라를 하나하나 정복하며 나라를 키워 갈 때도 변함이 없었지요. 그것은 후손에게도 고스란히 전해져, 고구려는 전성기에 한반도 북부에서 만주 일대를 다스리는 대국으로 성장하였습니다. 고구려의 건국 왕 주몽에 대해 첫 기록이 담긴 자리는 광개토대왕비입니다. 이 비석의 비문은 주몽의 탄생 이야기로부터 시작합니다.

14. 「신라의 첫 번째 임금 박혁거세」

박혁거세는 신라를 세운 임금입니다. 알에서 태어난 뒤 진한 땅(지금의 경주 지역)을 다스리던 여섯 촌장의 지지를 받아 임금이 되었다고 해요. '혁거세'란 세상을 밝게 한다는 뜻이에요. 박처럼 생긴 알에서 나왔다 하여 성은 박씨가 되었어요. 박혁거세는 촌장들의 손에서 무럭무럭 자라 기원전 57년에 나라를 세우고 임금이 되었습니다. 나라 이름은 '서라벌'이라고 지었는데, 서라벌은 신라의 옛 이름이에요. 박혁거세는 약 61년간 나라를 다스리다 하늘로 올라갔다고 해요.

여섯 촌장이 박혁거세를 왕위에 올렸다는 사실로 보아 신라는 박혁거세와 여섯 개의 부족이 연합하여 세운 나라임을 짐작할 수 있어요. 박혁거세가 고구려의 시조 주몽처럼 알에서 태어났다는 것은 나라를 세운 임금이 하늘의 후손임을 내세워 신성시하려는 의도로 짐작할 수 있답니다. '신라'로 나라 이름을 바꾼 건 503년 지증왕 때랍니다.

15. 「알에서 태어난 석탈해」

'석탈해 신화'는 신라 제4대 왕이며 석씨 왕조의 시조가 된 탈해에 관한 신화입니다. 남해왕 때 배 안 큰 궤짝 속에 한 사내아이가 있었어요. 사내아이는 자신이 용성국 사람인데 알로 태어나서 버림을 받았다고 하였지요. 아진의선의 보살핌을 받은 석탈해는 학문과 지리에 두루 통달했으며 꾀가 많았어요. 당시 재상인 호공의 집이 좋다는 것을 알고 이를 빼앗고자 그의 집에 몰래 숯과 숫돌

을 묻어두었지요. 그리고는 자신의 집안은 원래 대장장이인데 호공의 집이 원래는 자신의 집이라고 관가에 소송을 제기했어요. 관가에서는 그렇게 주장하는 이유를 대라고 했지요. 이에 석탈해는 땅을 파면 숯과 숫돌이 나온다고 말하고, 한번 파보라고 했어요. 땅을 파 숯과 숫돌이 나오자 이를 근거로 탈해는 호공의 집을 차지하였어요. 남해왕은 탈해가 영리한 사람이라고 여겨 그를 맏공주의 배필로 삼았어요. 남해왕의 사위가 된 탈해는 뒷날 왕위에 올랐습니다.

짧은 글 쓰기 연습 3

낱말과 사자성어의 뜻과 쓰임을 익히고 그 낱말과 사자성어를 사용해 문장을 만들어 보세요.

1. 아래 가로 열쇠, 세로 열쇠의 풀이말을 보고 퍼즐 빈칸에 알맞은 낱말을 〈보기〉에서 찾아 써 보세요.

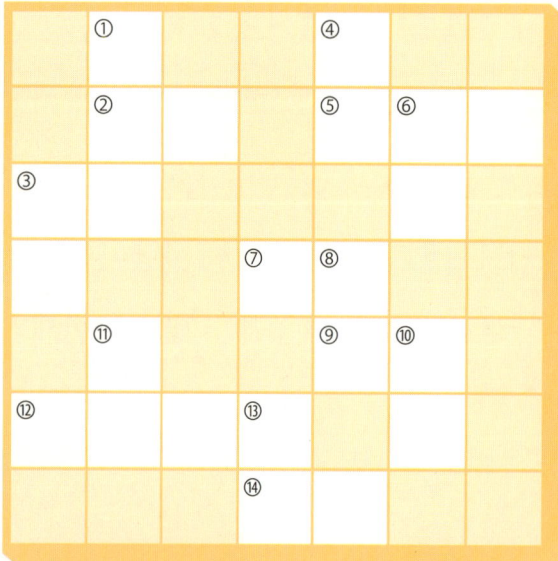

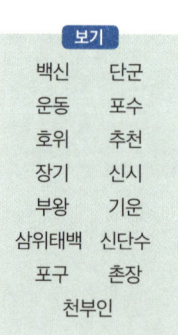

보기
백신 단군
운동 포수
호위 추천
장기 신시
부왕 기운
삼위태백 신단수
포구 촌장
천부인

🗝 가로 열쇠
② 고조선을 세워 우리 민족의 시조로 일컬어지는 인물
③ 총을 쏘아 짐승을 잡는 사냥꾼
⑤ 환인이 환웅을 땅으로 보내면서 왕의 지위를 나타내는 표지로 주었다는 세 개의 귀한 도장
⑦ 한 마을의 일을 맡아보는 사람으로 가장 높은 위치에 있는 사람
⑨ 눈에는 보이지 않으나 분위기 따위로 알 수 있는 느낌
⑫ 태백산 봉우리 세 개가 우뚝 솟은 곳
⑭ 환웅이 태백산 신단수 밑에 내려와 이룩하였다는 도시

🗝 세로 열쇠
① 단군 신화에서, 환웅이 처음 하늘에서 그 밑으로 내려왔다는 신령한 나무
③ 배가 드나드는 항구
④ 좋거나 알맞다고 생각되는 것을 남에게 권함
⑥ 예전에, 왕자나 공주가 자기의 아버지인 임금을 이르던 말
⑧ 한 개인이나 집단이 지니는 가장 특출한 기술이나 재주, ○○자랑
⑩ 건강의 유지나 증진을 목적으로 몸을 움직이는 일
⑪ 따라다니며 보호하고 지킴
⑬ 전염병에 대하여 인공적으로 면역을 얻기 위해 쓰는 항원, 코로나 ○○

· **위의 낱말 중 세 개를 골라 하나씩 쓰고, 그 낱말을 넣어 각각 짧은 글을 지어 보세요.**
예) 호위: 아이돌 가수들이 경호원들의 **호위**를 받으며 공항으로 들어갔다.

:
:
:

2. 다음 낱말에 쓰인 한자에 대해 알아봅시다.

師	스승 사	뜻: ①선생, ②남을 깨우쳐 이끄는 사람, ③모범이 되는 사람 쓰임: 은사(恩師) 사범(師範), 출사표(出師表) 등

- 사(師)로 끝나는 낱말은 어떤 일에 전문적인 기술이 있는 사람, 자격이 있는 사람을 뜻하기도 합니다.

  보기
  교사 간호사 의사 우사 요리사 이발사

- 다음 낱말 뜻을 보고 빈칸에 알맞은 낱말을 위의 〈보기〉에서 찾아 쓰세요.

① ☐☐☐ : 일정한 자격을 가지고 남의 머리털을 깎고 다듬는 일을 직업으로 하는 사람	② ☐☐ : 비를 맡고 있다는 신
③ ☐☐ : 면허를 얻어 의술과 약으로 병을 진찰하고 치료하는 사람	④ ☐☐☐ : 법으로 정한 자격을 가지고 의사의 진료를 도우며 환자를 보살피는 일을 하는 사람
⑤ ☐☐☐ : 전문으로 음식을 만드는 기술자	⑥ ☐☐ : 일정한 자격을 가지고 학생을 가르치는 사람

3. 다음 사자성어의 뜻을 알아봅시다.

우공이산 [愚公移山]

나이가 90에 가까운 우공(愚公)이란 사람이 돌아서 지나가야 하는 산 두 개를 옮기려고 했습니다. 아들과 손자까지 대를 이어서 산을 옮기기로 하고 돌을 깨고 흙을 파서 옮기자, 이 정성에 감동한 옥황상제가 산을 옮겨 주었다고 합니다. 여기서 '우공이산'이라는 말이 나왔습니다. '어리석은 영감이 산을 옮긴다'는 뜻으로, 어떤 일이든 꾸준하게 열심히 하면 반드시 이룰 수 있다는 말입니다.

예) **우공이산**이라더니, 굴속에서 쑥과 마늘을 먹으며 버틴 곰이 결국 사람이 되었구나.

- 위 사자성어를 넣어 짧은 글을 써 봅시다.

_____
_____
_____

글쓰기 연습 3

소개하는 글

소개하는 글은 설명하는 글의 종류 중 하나입니다. 자신이나 다른 사람, 사물, 장소 등에 대한 정보를 다른 사람에게 알려주는 글이에요. 소개하는 대상에 대해 상대가 이해하기 쉽게 써야 해요.

사람을 소개하는 글은 어떻게 쓸까요?

1. 소개할 사람 정하기
자신이 잘 아는 사람 중 하나로 정해요. 그래야 상대에게 잘 알려줄 수 있습니다.

2. 소개할 내용 정하기
사람을 소개할 때는 그 사람의 이름, 자신과의 관계, 모습, 좋아하는 것, 잘하는 것 등을 설명하면 좋습니다. 소개할 내용을 3~4가지 정도 정하세요.

3. 소개할 내용 떠올리기
소개할 내용을 골랐으면 고른 내용에 따라 그 사람의 특징을 떠올려 보세요.

4. 소개할 순서 정해 글로 쓰기
이름을 먼저 소개하고 다른 내용들을 한 가지씩 차례대로 글로 써 보세요. 그 사람을 모르는 사람에게 소개하는 것이니 상대가 이해하기 쉽게 씁시다. 끝부분에는 그 사람에 대한 내 생각을 쓰면서 마무리합니다.

• 다음은 고구려를 세운 주몽을 소개하는 글입니다. 이 글을 참고해 소개하는 글 쓰는 방법을 익혀 보세요.

제목	**신기한 일을 많이 겪은 주몽**
탄생	주몽은 동부여에서 태어났지만, 나중에 고구려를 세운 사람이다. 주몽의 아버지는 해모수고, 어머니는 유화부인이었다. 주몽은 유화부인이 낳은 알에서 태어났다.
잘하는 것	주몽은 어려서부터 재주가 뛰어났다. 가장 뛰어난 재주는 활쏘기였다. '주몽'이라는 이름도 활을 잘 쏘는 사람이라는 뜻이다.
특별한 일	주몽이 동부여를 떠날 때 수많은 물고기와 자라들이 나타나 다리를 만들어 주었다고 한다. 그러지 않았다면 동부여의 대소 왕자에게 잡힐 수도 있었을 것이다.
내 생각	주몽은 이처럼 태어날 때부터 동부여를 떠날 때까지 신기한 일을 많이 겪은 사람이다.

글쓰기 연습 3

소개하는 글 쓰기

소개하는 글을 써 봅시다.
자신이 잘 아는 사람을 소개하는 것이 좋아요. 그 사람의 이름, 자신과의 관계, 모습, 좋아하는 것, 잘하는 것 등을 차례대로, 이해하기 쉽게 써 보세요.

소개할 사람과 소개할 내용
아래의 예와 같은 내용을 해도 좋고, 취미나 버릇 등 다른 내용을 써도 됩니다.

이름, 나와의 관계	김민주, 학교 짝꿍
모습	키가 크고 머리가 길다.
좋아하는 것	시나모롤 캐릭터
잘하는 것	달리기
내 생각	민주와 조금 더 친해지고 싶다.

내가 소개하고 싶은 내용

이름, 나와의 관계	
모습	
좋아하는 것	
잘하는 것	
내 생각	

• 위에 적어둔 내용을 글로 완성해 보세요.

제목 _____
이름, 나와의 관계 _____
_____
모습 _____
_____
좋아하는 것 _____
_____
잘하는 것 _____
_____
내 생각 _____
_____

Week 4

신라의 첫 여왕 선덕여왕
신라의 명장 김유신
삼국을 통일한 김춘추
통일신라의 기틀을 다진 신문왕
백제 무왕과 신라 선화공주

16 신라의 첫 여왕 선덕여왕
미리 알아맞힌 세 가지 일

　신라 제27대 임금 선덕여왕은 진평왕의 맏딸로 성은 김씨였고 이름은 덕만이었습니다. 우리나라 역사 최초로 여왕이 되었지요. 총명했던 선덕여왕은 세 가지 일을 미리 알아맞혔다고 해요.
　첫 번째는 모란 이야기입니다. 당나라 태종이 선덕여왕에게 빨강, 자주, 하양의 세 가지 색 모란 그림과 모란 꽃씨를 선물로 보냈어요. 꽃 그림을 들여다본 왕이 말했습니다.
　"이 꽃은 향기가 없을 것이오."
　꽃씨를 심고 꽃이 필 때까지 기다려 봤더니 정말로 꽃에서 향기가 나지 않았습니다. 신하들이 어떻게 미리 알았는지 물어보았더니 왕이 대답했습니다.
　"꽃 그림에 나비가 없었소. 이는 꽃에 향기가 없다는 뜻이지요. 당나라 임금이 내가 배필 없이 혼자 지내는 것을 놀린 것이오."
　두 번째는 개구리 이야기입니다. 어느 겨울날, 영묘사 옥문지라는 연못에서 개구리들이 사나흘 동안 울어댔답니다. 사람들은 한겨울에 개구리가 우니 괴이한 일이라고 여겨 왕에게 아뢰었지요. 이야기를 듣고 생각에 잠겼던 왕은 알천, 필탄 두 장수에게 병사 2천을 주며 명을 내렸어요.
　"지금 곧 서라벌 서쪽 부산으로 가시오. 여근곡이라는 골짜기에 적군이 숨어 있을 테니 습격하여 무찌르시오."

두 장수가 군사를 거느리고 서쪽으로 가서 보니 정말로 부산이라는 산 아래 여근곡이라는 골짜기가 있었고, 그 안에는 백제 군사 500명이 숨어 있었지요. 두 장수와 군사들은 백제군을 무찌르고, 숨어 있던 백제 장수 우소도 찾아내 죽였습니다. 이들을 구하러 온 백제군 1,200명까지 모두 물리쳤어요. 신하들이 여왕에게 어떻게 알았는지 묻자, 왕은 이렇게 대답했습니다.

"심하게 우는 개구리는 군사의 모습이오. 옥문지와 여근곡은 여자를 가리키는데, 여자는 음이고 색깔로는 흰색이니 서쪽을 뜻하는 것이오. 그래서 서쪽 여근곡에 군사들이 숨어 있을 것을 미리 안 것이오."

세 번째는 자신의 죽음 이야기입니다. 선덕여왕이 아무 병도 없을 때였는데 문득 신하들에게 말했습니다.

"내가 죽으면 도리천에 묻어 주시오."

불경에나 나오는 도리천에 묻어달라니 신하들이 이상하게 여겨 그게 어디냐고 물었어요. 여왕은 낭산 남쪽이라고 했어요. 왕이 죽은 뒤 신하들이 그 말대로 낭산 남쪽에 묻었는데, 그로부터 10년 후 문무왕 때 선덕여왕의 무덤 아래 사천왕사라는 절을 지었답니다. 불경에 '사천왕 하늘 위에 도리천이 있다'고 했으니 꼭 그 말대로 된 것이지요.

작품정보

「신라의 첫 여왕, 선덕여왕」

신라 제27대 왕 선덕여왕의 출신과 업적, 지혜로움에 대한 이야기입니다. 이 부분은 선덕여왕이 신묘하게 세 가지 일을 미리 알아낸 일화입니다.

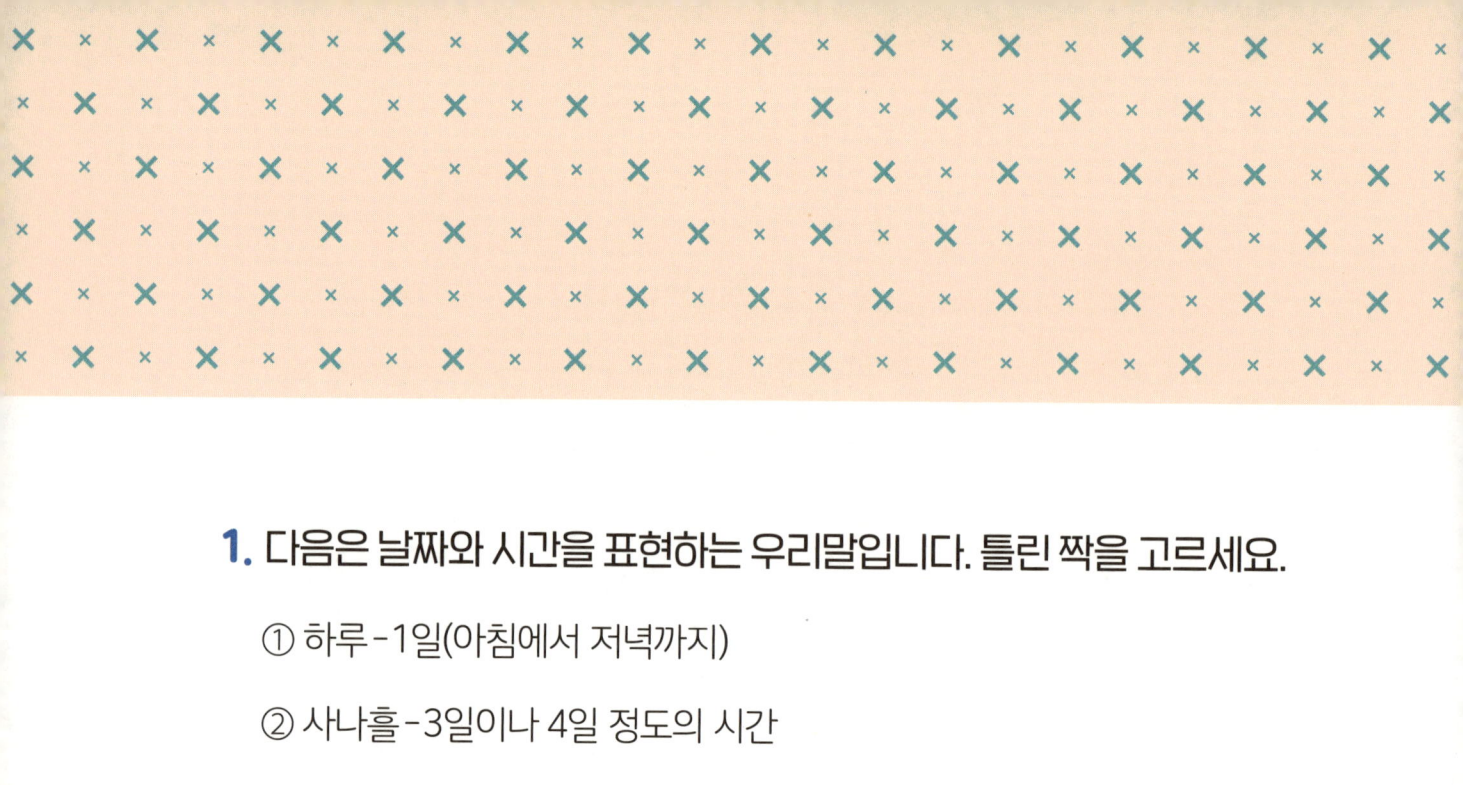

1. 다음은 날짜와 시간을 표현하는 우리말입니다. 틀린 짝을 고르세요.

① 하루 - 1일(아침에서 저녁까지)

② 사나흘 - 3일이나 4일 정도의 시간

③ 이틀 - 2일(두 날)

④ 사흘 - 4일(네 번의 낮과 밤이 지나가는 동안)

2. 다음은 선덕여왕을 소개하는 글입니다. 빈칸에 알맞은 말을 쓰세요.

선덕여왕은 ☐☐의 27대 임금이에요.
진평왕의 맏딸로 성은 김씨였고 이름은 ☐☐이었습니다.
우리나라 역사 최초로 ☐☐이 되었지요.

3. 다음 모란 이야기 설명에서 맞는 것에는 O표, 틀린 것에는 ✕표 하세요.

① 당나라 태종이 선덕여왕에게 모란 꽃씨만 보냈어요. (   )

② 당나라 태종은 선덕여왕에게 모란 그림도 보냈어요. (   )

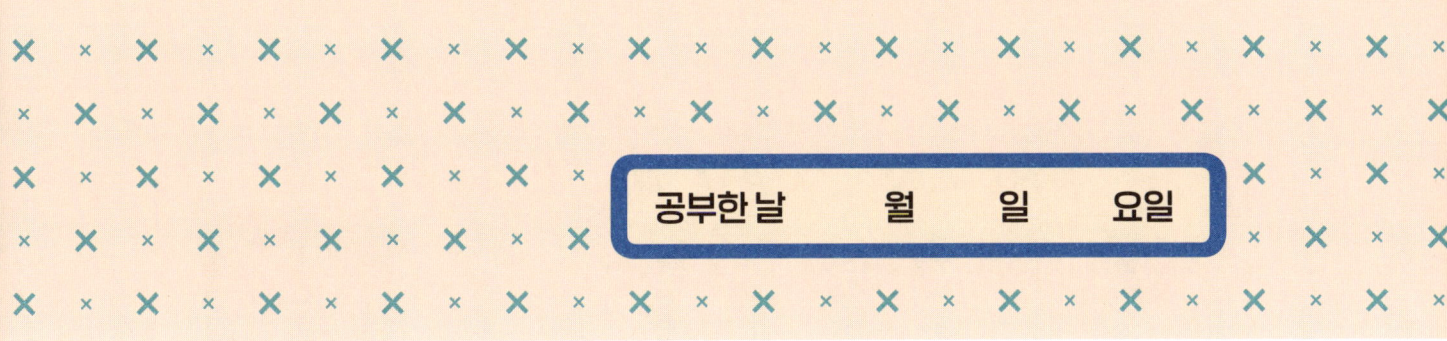

③ 선덕여왕은 모란 그림에서 향기가 나지 않는다고 했어요. (   )

④ 향기가 없는 모란은 배필이 없는 여왕을 뜻하는 것이었어요. (   )

4. 선덕여왕이 미리 안 일 세 가지를 잘못 설명한 친구를 고르세요.

① 우진: 그림에 나비가 없는 것을 보고 꽃에 향기가 없을 것을 알았어.

② 수현: 모란 그림만 보고도 어떤 색깔의 꽃들이 필지 미리 알았어.

③ 나연: 개구리 울음소리를 듣고 백제 군사들이 숨어 있는 것을 알았어.

④ 재원: 자신이 죽어 묻힐 곳 근처에 '사천왕사'가 지어질 것을 알았어.

5. 밑줄 친 곳에 알맞은 말을 넣어 이야기 내용을 간추려 보세요.

> 총명한 _____은 앞일을 미리 알았습니다. _____에 향기가 없을 것과 적군이 숨어 있는 곳을 알아맞혔어요. 게다가 _____이 죽은 뒤 묻힐 곳 근처에 절이 세워질 것도 알 수 있었다고 해요.

17 신라의 명장 김유신
세 신령의 도움

　김유신은 신라 화랑 출신의 훌륭한 장수였습니다. 진평왕 때 태어난 그는 해와 달, 그리고 일곱 별의 정기를 타고나서 등에 북두칠성 무늬가 있었다고 해요. 그래서인지 유신에게는 신기한 일이 많았는데 그가 화랑일 때에도 그런 일이 있었어요.

　유신은 열다섯 살에 화랑이 되었고, 열여덟 살 때에는 화랑의 최고 지도자 국선이 되었습니다. 이때 화랑 무리에 백석이라는 사람이 있었습니다. 어디서 왔는지 부모가 누구인지는 알 수 없었지만 오랫동안 화랑 무리에 있어서 모두 친하게 지냈지요. 유신이 고구려와 백제를 물리칠 방법을 고민하던 어느 날 백석이 와서 말했습니다.

　"저와 함께 고구려에 몰래 들어가 고구려의 사정을 살피고 와서 계책을 마련하는 것이 어떻겠습니까?"

　유신은 그 말이 옳다고 생각해 백석의 말대로 하기로 했어요.

　유신이 백석과 함께 길을 떠나 고구려로 향하던 중 골화천이라는 곳에서 잠시 쉬었습니다. 그런데 어디선가 나타난 세 여자와 함께 이야기를 나누게 되었어요. 유신은 백석과 함께 고구려로 가는 사정을 여자들에게 말했지요. 그러자 여자들이 유신에게만 조용히 말하는 것이었습니다.

　"잠시 백석을 따돌리고 우리와 함께 숲속으로 들어가시지요. 꼭 알려 드릴 것이 있습니다."

유신이 여자들을 따라 숲속에 들어가니 갑자기 세 여자가 신령의 모습으로 변했어요.

"우리는 신라를 돕는 신령들입니다. 나림, 혈례, 골화 세 곳을 지키고 있지요. 지금 고구려 사람이 당신을 속여 죽을 곳으로 데려가고 있습니다. 아무것도 모르고 따라나섰으니 참으로 딱한 일입니다. 부디 조심하십시오."

이 말을 남기고 세 신령은 사라졌어요. 유신은 백석에게 돌아와 거짓 핑계를 댔습니다.

"아주 중요한 문서를 빠뜨리고 왔소. 나와 함께 집으로 돌아가 문서를 가지고 다시 출발합시다."

집에 돌아가자마자 유신은 백석을 밧줄로 묶고 사실대로 고하라고 했습니다.

"나는 본디 고구려 사람입니다. 신라의 김유신은 고구려의 점쟁이 추남이 환생한 사람이라는 말을 들었습니다. 추남은 고구려에 한을 품고 죽으면서 신라의 장군으로 태어나 고구려를 멸망시키겠다고 했답니다. 고구려의 왕께서 추남의 혼이 당신 어머니 품으로 들어가는 꿈을 꾸시고 나를 이곳으로 보낸 것입니다."

김유신은 자신을 죽이려 한 백석을 처형하고, 자신의 목숨을 구해준 세 신령에게 온갖 음식을 마련하여 제사를 올렸답니다.

작품정보

「신라의 명장 김유신」

신라 장군 김유신의 탄생과 성장, 업적을 다룬 이야기를 전하는 글입니다. 이 부분은 김유신이 화랑이었을 때 고구려 첩자에게 죽을 뻔한 것을 세 신령이 도와 살려주는 부분입니다.

1. 다음 빈칸에 알맞은 낱말을 〈보기〉에서 찾아 쓰세요.

> 보기
>
> 계책   화랑   환생   정기

① ☐☐은 신라 때 소년들의 심신 수련 및 교육 단체이다.

② 그는 백두산의 ☐☐를 받고 태어났다고 한다.

③ 이 위기에서 벗어날 좋은 ☐☐이 있으면 알려주시오.

④ 나쁜 짓을 많이 하면 다음 생에 짐승으로 ☐☐한대.

2. 김유신에 대한 설명으로 틀린 것을 고르세요.

① 신라 진평왕 때 태어났다.   ② 등에 북두칠성 무늬가 있었다.

③ 열다섯 살에 국선이 되었다.   ④ 뛰어난 장수였다.

3. 다음은 김유신을 해치려 한 사람과 도와준 인물들에 대한 설명입니다. 맞는 낱말에 ○표 하세요.

백석	① 본디 (신라 / 고구려) 사람 김유신을 고구려로 데려가 해치려 함
세 신령	② (신라 / 고구려)를 돕는 신령 ③ (여자 / 화랑)로 변신해 김유신에게 위험을 알림

4. 사건이 일어난 순서대로 (　) 안에 번호를 써 보세요.

① 고구려 왕이 백석을 신라로 보냈어요. (　　)

② 김유신이 백석을 처형하고 세 신령에게 제사를 올렸어요. (　　)

③ 백석이 김유신에게 고구려 사정을 살피러 가자고 했어요. (　　)

④ 세 신령이 김유신에게 백석의 정체를 알려주었어요. (　　)

⑤ 김유신과 백석이 고구려로 가는 길에 세 여자를 만났어요. (　　)

5. 밑줄 친 곳에 알맞은 말을 넣어 이야기 내용을 간추려 보세요.

화랑이었던 _____은 고구려 사정을 살피러 백석과 함께 _____로 향했어요. 그러나 세 _____이 나타나 백석이 김유신을 해치려는 고구려 사람이라는 것을 알려주어 위기에서 벗어났습니다.

18 삼국을 통일한 김춘추
김유신이 맺어준 인연

신라의 제29대 임금 태종대왕은 성이 김씨이고 이름은 춘추였습니다. 김유신과 함께 삼국통일의 위업을 달성한 왕이지요. 김춘추의 아내는 문명왕후인데 이름은 문희였지요. 김유신의 막내 여동생이었습니다. 김춘추와 문희의 혼인에는 김유신의 공이 컸어요.

어느 날 문희의 언니 보희가 꿈을 꾸었어요. 서악에 올라가 오줌을 누었더니 장안에 오줌이 가득 차는 꿈이었답니다. 아침에 일어나 동생 문희에게 그 꿈 얘기를 했더니 문희가 그 꿈을 사겠다고 했어요. 그래서 보희는 동생에게 비단 치마를 받고 꿈을 팔기로 했어요. 동생이 치마폭을 펼치고 있으니 언니가 "지난밤에 꾼 꿈을 너에게 판다."고 하면서 꿈을 던지는 시늉을 했답니다. 동생은 그 꿈을 치마폭에 받는 시늉을 했고요. 그러고 나서 문희는 언니에게 꿈값으로 비단 치마를 주었어요.

그 일이 있은 지 열흘이 지난 정월 보름날, 문희의 오빠 김유신은 김춘추와 집 앞에서 공차기를 했습니다. 그러다 유신이 일부러 춘추의 옷을 밟아 옷고름을 떨어뜨렸어요.

"우리 집에 들어가세, 옷고름을 꿰매 줄 테니."

유신은 이렇게 말하며 춘추를 데리고 안채로 들어갔습니다. 유신은 보희에게 춘추의 옷고름을 꿰매 달라고 했지요. 하지만 보희는 그런 사소한 일로 귀공자에게 함부로 가까이 갈 수 없다며 거절했어요. 그래서 유신이

하는 수 없이 문희에게 부탁했더니 문희는 선뜻 나서서 춘추의 옷고름을 꿰매 주었답니다. 그 후로 춘추는 유신이 자신과 여동생을 맺어주려 한다는 것을 알아채고 자주 유신의 집에 찾아와서 문희와 가깝게 지냈어요.

그러던 어느 날, 문희가 춘추의 아이를 갖게 되었습니다. 유신은 문희를 불러서 일부러 온 동네 사람들이 다 들을 수 있도록 큰 목소리로 꾸짖었어요.

"어찌 부모님 허락도 없이 아이를 가졌단 말이냐!"

그러고는 문희를 곧 불에 태워 죽일 것이라고 온 나라에 소문을 냈습니다.

어느 날 선덕여왕이 남산으로 행차한다는 것을 알고, 유신은 마당에 장작을 쌓아놓고 불을 붙였지요. 장작더미에서 연기가 피어오르는 것을 산 위에서 내려다본 선덕여왕이 무슨 일이냐고 신하들에게 물었어요.

"김유신이 혼인도 안 한 몸으로 아이를 가진 누이동생을 태워 죽이려나 봅니다."

"대체 누가 아이를 갖게 했단 말이오?"

왕의 말을 들은 김춘추가 얼굴을 붉히며 어쩔 줄 몰라 하는 것을 보고 왕은 김춘추에게 어서 가서 문희를 구하라고 했어요. 이렇게 해서 춘추는 문희와 혼인하게 되었답니다.

작품정보

「삼국을 통일한 김춘추」

신라 제29대 태종대왕 김춘추의 출생과 결혼, 전쟁과 외교로 이룬 업적 등에 대한 이야기가 실려 있습니다. 이 부분은 김춘추가 김유신의 여동생 문희와 혼인하게 되는 과정을 그리고 있어요.

1. 다음 낱말들의 뜻을 찾아 줄로 이어 주세요.

① 위업 ・　　　・ ㉠ 한 집 안에 두 채 이상의 집이 있을 때, 안에 있는 집채

② 공 ・　　　・ ㉡ 수도 또는 번화한 도시

③ 장안 ・　　　・ ㉢ 어떤 목적을 이루는 데에 힘쓴 노력이나 수고

④ 안채 ・　　　・ ㉣ 뛰어나고 훌륭한 사업이나 업적

2. 김춘추에 대한 설명으로 맞는 것에는 O표, 틀린 것에는 X표 하세요.

① 신라 제29대 태종대왕의 아들이에요. (　　)

② 김유신과 함께 삼국통일을 이루어냈어요. (　　)

③ 김유신의 막내 여동생과 혼인했어요. (　　)

④ 선덕여왕 몰래 문희와 혼인했어요. (　　)

3. 등장인물의 성격에 대해 잘못 말한 친구를 고르세요.

① 수진: 값비싼 비단 치마를 주고 언니의 꿈을 산 문희는 적극적인 성격이야.

② 현지: 김춘추의 옷고름을 꿰매주지 않은 보희는 인자한 성격이야.

③ 연우: 선덕여왕이 춘추와 문희의 사이를 알게 만든 김유신은 똑똑한 사람 같아.

④ 원재: 선덕여왕 앞에서 얼굴을 붉힌 김춘추는 부끄러움을 아는 사람이야.

4. 김유신이 마당에 장작을 쌓고 불을 붙인 까닭은 무엇인가요?

① 혼인도 안 한 몸으로 아기를 가진 문희를 태워 죽이려고

② 선덕여왕에게 문희가 가진 아이가 김춘추의 아이인 것을 알리려고

③ 선덕여왕의 행차를 반기려는 뜻으로

④ 문희에게 아이를 갖게 한 김춘추를 협박하려고

5. 밑줄 친 곳에 알맞은 말을 넣어 이야기 내용을 간추려 보세요.

> 신라 제29대 왕이었던 _____는 김유신과 함께 삼국을 _____했어요. 김유신의 여동생 문희가 김춘추의 옷고름을 꿰매주면서 가까워진 두 사람은 혼인해서 김춘추는 _____이 되고 문희는 문명왕후가 되었습니다.

삼국을 통일한 김춘추 115

19 통일신라의 기틀을 다진 신문왕
신기한 피리 만파식적

　신라 제31대 임금 신문왕은 통일신라의 두 번째 임금이었습니다. 성은 김씨고 이름은 정명이었어요. 신문왕은 돌아가신 아버지 문무왕을 위해 동해 가까운 곳에 감은사라는 절을 지었습니다.

　감은사를 지은 다음 해 5월 초하루였습니다. 바다 일을 맡아보는 해관이 왕에게 와서 아뢰었어요.

　"동해에 작은 산 하나가 감은사 쪽으로 떠내려오고 있습니다."

　이상하게 여긴 왕은 천문 관측을 맡아 보는 일관에게 점을 쳐 보라고 했습니다.

　"돌아가신 문무왕께서 바다의 용이 되어 나라를 지키고 계십니다. 또 김유신 공은 천신이 되었습니다. 두 성인께서 이 나라를 지킬 보배를 내리려고 하시는 것입니다. 왕께서 직접 바다로 나가시면 값을 매길 수 없는 큰 보배를 얻을 것입니다."

　왕은 일관의 말을 듣고 기뻐하며 그달 7일 감은사 근처 이견대로 나갔어요. 신하를 보내 바다 위의 산을 살펴보고 오게 했습니다. 신하는 거북이 머리처럼 생긴 산 위에 대나무 한 그루가 있어, 낮에는 둘이 되고 밤에는 하나로 합쳐지더라고 했어요.

　왕은 그날 감은사에서 묵었는데 다음 날 한낮에 갑자기 갈라졌던 대나무가 합쳐지면서 하늘과 땅이 크게 흔들리기 시작했습니다. 또 폭풍우가

치면서 사방이 캄캄해지더니 7일 동안 계속되다가 그달 16일에야 바람이 멈추고 파도도 가라앉았어요.

왕이 배를 타고 그 산으로 들어가자, 용 한 마리가 나타나 검은 옥대를 바쳤어요. 왕은 용을 대접하며 물어보았습니다.

"이 산과 대나무가 떨어졌다가 다시 합쳐지는 것은 무슨 까닭인가?"

"한 손으로 치면 소리가 나지 않지만 두 손으로 치면 소리가 나는 손뼉과 같습니다. 대나무도 합쳐져야 소리가 나지요. 어진 왕께서 소리로써 천하를 다스릴 징조입니다. 이 대나무를 가져다가 피리를 만들어 불면 온 세상이 평화로울 것입니다. 돌아가신 왕께서는 바닷속 큰 용이 되셨고, 김유신은 천신이 되었습니다. 두 성인께서 마음을 합해 이처럼 값을 매길 수 없는 큰 보물을 내려 저에게 바치도록 한 것입니다."

왕은 놀라고 기뻐하며 오색 비단과 금과 옥을 용에게 답례로 주고, 산에 있는 대나무를 베어 왔습니다. 그런데 왕이 뭍으로 돌아오자, 산도 없어지고 용도 사라져 버렸어요.

궁궐로 돌아온 왕은 그 대나무로 피리를 만들었지요. 이 피리를 불기만 하면 적군이 물러가고, 병이 낫고, 가뭄에는 비가 내리고, 장마 때는 비가 그치고, 바람이 그치고 파도가 잔잔해졌습니다. 그래서 이 피리 이름을 '만파식적'이라 했지요. '거센 물결을 잠재우는 피리'라는 뜻이었어요.

작품 정보

「통일신라의 기틀을 다진 신문왕」

신라 제31대 왕 신문왕이 삼국 통일 후 나라의 기틀을 다지기 위해 했던 노력들에 대한 이야기입니다. 이 부분은 죽은 뒤에도 나라를 걱정한 문무왕과 김유신이 신문왕에게 대나무를 내려주어 그 대나무로 만든 피리가 나라의 온갖 어려움들을 잠재웠다는 이야기입니다.

1. 다음 빈칸에 알맞은 낱말을 〈보기〉에서 찾아 쓰세요.

> **보기**
> 답례 초하루 뭍 옥대

① 우리 할머니는 매달 _____에는 절에 가신다.

② _____는 예전에 벼슬아치들이 허리에 두르던 옥으로 만든 띠이다.

③ 선생님의 은혜에 _____로 드리는 작은 선물이에요.

④ 작은 배가 서서히 _____으로 다가왔다.

2. 5월 초하루에 해관이 신문왕에게 아뢴 일은 무엇인가요?

① 문무왕을 위해 감은사라는 절을 지어야 한다.

② 감은사 쪽으로 작은 산이 떠내려오고 있다.

③ 문무왕께서 바다의 용이 되었다.

④ 김유신 공 또한 천신이 되었다.

3. 신문왕이 바다 위의 섬으로 갔을 때 일어난 일이 아닌 것을 고르세요.

① 신문왕이 용에게 검은 옥대를 바쳤어요.

② 신문왕이 용에게 대나무가 떨어졌다 합쳐지는 이유를 물어보았어요.

③ 용이 신문왕에게 대나무를 가져다가 피리를 만들라고 말했어요.

④ 신문왕이 용에게 오색 비단과 금과 옥을 주었어요.

4. 다음은 신기한 피리 만파식적을 불자 일어난 일입니다. 알맞은 낱말을 골라 ○표 하세요.

이 피리를 불기만 하면 (적군 / 전쟁)이 물러가고, 병이 (낫고 / 났고), (홍수 / 가뭄)에는 비가 내리고, 장마 때는 비가 그치고 바람이 그치고 파도가 잔잔해졌습니다.

5. 밑줄 친 곳에 알맞은 말을 넣어 이야기 내용을 간추려 보세요.

신라 제31대 왕이었던 _____은 문무왕을 위해 감은사를 세웠어요. 감은사 근처 바다에 산 하나가 떠내려왔는데, 그 산의 _____로 피리를 만들어 불었더니 나라의 온갖 근심거리들이 잠잠해졌어요. 그래서 그 피리를 _____이라고 불렀습니다.

20 백제 무왕과 신라 선화공주
서동요 이야기

　백제의 서른 번째 임금 무왕은 이름이 '장'이었습니다. 무왕의 어머니는 백제 도읍지 남쪽 '남지'라는 연못가에 혼자 살다가 그 연못에 살던 용과 결혼해 아들을 낳았어요. 이 아들이 바로 '장'이었는데, 어렸을 때는 '서동'으로 불렸어요. 서동은 '마 캐는 아이'라는 뜻이지요. 서동은 어려서부터 재주가 많고 마음이 넓었습니다. 집안이 가난해 늘 마를 캐서 팔아 먹고 살아서 사람들은 그를 서동이라고 불렀어요.

　서동은 신라 진평왕의 셋째 딸 선화공주가 매우 아름답다는 말을 듣고 머리를 깎고 신라의 도읍 서라벌로 갔습니다. 거기서 마을 아이들에게 마를 나누어 주었어요. 친해진 아이들이 자신을 따르자, 서동은 노래를 지어 아이들에게 가르쳐 줬습니다. 노랫말은 이랬어요.

선화공주님은
남몰래 사귀어 두고
서동 서방을
밤에 몰래 안고 간다

　아이들이 이 노래를 배워 날마다 부르자 서라벌 안은 물론 궁궐 안까지 소문이 퍼졌어요. 노래를 들은 신하들은 임금 허락도 없이 멋대로 남자를 사귄 선화공주를 벌줘야 한다고 야단이었습니다. 결국 왕이 선화공주를 멀리 귀양 보내자, 왕후는 떠나는 공주에게 순금 한 말을 주었지요.

선화공주가 귀양살이를 하러 길을 가는데 한 총각이 길에서 기다리다가 뛰어나와 절을 하며 말했어요.

"제가 모시고 가겠습니다."

처음 보는 총각이었지만 공주는 어쩐지 마음이 끌려 허락했습니다. 함께 길을 가는 동안 너욱 믿는 마음이 생겨 두 사람은 부부가 되기로 약속했답니다. 총각은 바로 서동이었어요. 공주는 나중에야 총각이 노래 속의 서동이라는 사실을 알게 되었어요.

두 사람은 함께 백제로 가 신혼살림을 시작했습니다. 공주가 어머니께 받은 순금 한 말을 꺼내 살림 마련할 일을 의논하려는데, 서동이 물었어요.

"이게 무엇입니까?"

"이것은 황금입니다. 이것만 있으면 평생 부자로 살 수 있습니다."

"내가 어릴 때부터 마 캐던 곳에 가면 이게 산더미처럼 쌓여 있어요."

서동은 마 캐던 곳에서 엄청나게 많은 금을 캤고, 그 금을 선화공주의 편지와 함께 진평왕에게 보냈습니다. 이 일로 서동은 진평왕에게도 인정받고 점점 백성들의 마음을 얻어 왕의 자리에까지 오르게 되었어요.

「백제 무왕과 신라 선화공주」

백제 제30대 임금 무왕이 왕이 되기 전, 신라의 선화공주와 결혼하는 이야기로 '서동요'라는 노래와 함께 전해지고 있습니다. 이 부분은 젊은 시절 '서동'이었던 무왕이 신라로 찾아가 서동요를 퍼뜨려 선화공주와 부부가 되는 이야기입니다.

1. 다음 〈보기〉 안의 낱말 뜻을 읽고, 이어지는 문장의 빈칸에 알맞은 낱말을 골라 쓰세요.

> **보기**
> **도읍**: 예전에 한 나라의 수도를 이르던 말
> **귀양**: 죄인을 먼 시골이나 섬으로 보내어 제한된 곳에서만 살게 하던 형벌

① 윤 대감은 억울하게 ☐☐을 가게 되었다.

② 태조 이성계는 한양으로 ☐☐을 옮겼다.

③ 단군은 평양성을 ☐☐으로 정했다.

④ 정약용은 강진에서 ☐☐ 생활을 했다.

2. 무왕이 어렸을 때 '서동'이라고 불린 까닭은 무엇인가요?

① 마를 캐서 팔아 먹고살아서

② 어머니가 용과 결혼해 낳은 아들이라서

③ 재주가 많고 마음이 넓어서

④ '남지'라는 연못가에 혼자 살아서

3. 서동이 선화공주와 결혼하게 된 과정입니다. 순서대로 ( )안에 번호를 쓰세요.

① 서동이 선화공주의 귀양길에 함께했어요. (　　)

② 진평왕이 선화공주를 귀양 보냈어요. (　　)

③ 서동이 선화공주를 백제로 데려와 결혼했어요. (　　)

④ 서동이 서라벌 아이들에게 노래를 가르쳤어요. (　　)

⑤ 선화공주가 서동과 사귄다는 소문이 퍼졌어요. (　　)

4. 서동이 진평왕에게 인정받게 된 까닭입니다. 빈칸에 알맞은 낱말을 쓰세요.

> 서동은 □ 캐던 곳에서 엄청나게 많은 □을 캐 선화공주의 □□와 함께 진평왕에게 보냈습니다. 그래서 서동은 진평왕에게 인정받게 되었어요.

5. 밑줄 친 곳에 알맞은 말을 넣어 이야기 내용을 간추려 보세요.

> 백제 서른 번째 임금 _____ 은 가난했던 어린 시절에 '_____'이라고 불렸어요. 그는 신라로 들어가 자기가 지은 노래를 퍼뜨려 아름다운 _____ 와 결혼했습니다. 그 후에 왕의 자리에까지 올랐어요.

고전 속으로

16. 「신라의 첫 여왕 선덕여왕」

선덕여왕은 우리 민족 5천 년 역사상 최초로 여왕의 자리에 올라 고구려와 백제를 통일하는 데 바탕을 닦은 임금입니다. 선덕여왕이 임금으로 즉위한 때는 고구려와 백제의 침입으로 나라가 매우 어려운 상황이었어요. 이러한 시기에 임금이 되자, 여자가 임금이 되어 나라가 어렵다는 등의 이유를 내세우며 분열의 위기도 맞았습니다. 그러나 선덕여왕은 이러한 위기를 슬기롭게 극복하고 백성들을 하나로 뭉치게 하였지요. 또 농업이 중심 산업이었던 신라 백성들을 위하여 날씨를 관측할 수 있는 첨성대를 만들게 하였고 분황사 모전탑, 황룡사 9층 석탑 등을 세우면서 백성들의 단합을 끌어냈습니다. 선덕여왕은 남자들만 왕이 되었던 시대에 자기 의지로 왕이 된 굳센 여자였을 뿐만 아니라 남들이 눈여겨보지 않던 김유신과 김춘추를 발탁하여 훗날 삼국통일의 주역으로 키워 낸 현명하고 안목 높은 왕이었습니다.

17. 「신라의 명장 김유신」

김유신은 595년 가야 왕족의 후손으로 태어나 열다섯 살 때 화랑이 되었어요. 어려서부터 생명을 가진 동식물을 사랑하였고, 전쟁으로 인한 백성들의 어려움을 걱정하여 삼국통일의 꿈을 키웠어요. 고구려·백제·신라의 삼국은 영토를 확장하기 위해 서로 다투어 싸웠어요. 삼국 가운데 제일 약체였던 신라가 삼국의 쟁투에 마침표를 찍고 통일할 수 있었던 것은 누구보다도 김유신의 업적이 컸다고 할 수 있어요. 김부식은 그가 편찬한 『삼국사기』의 「열전」 열 권 가운데

3권을 오직 김유신에 관해서 기록했어요. 특히 「열전」의 서두에 '김유신 열전'을 배치하는 등 김부식은 김유신을 가장 큰 비중으로 다루었어요. 김유신은 신라가 당나라의 손을 잡고 백제와 고구려를 멸망시키고 삼국통일을 이룩하는 데 가장 큰 공을 세운, 신라 천 년 역사에 있어서 가장 대표적인 명장이었습니다.

18. 「삼국을 통일한 김춘추」

김춘추는 신라 선덕여왕의 조카로 성골이 아닌 최초의 진골 출신 왕입니다. 신라는 골품제라는 신분제 때문에 진골 출신이 왕이 되기 어려운 환경이었어요. 김춘추는 왕위에 오르기 전부터 외교관, 정치가로 활발하게 활동했어요. 그는 백제 의자왕의 공격으로 위기에 빠진 신라를 구하기 위해 고구려에 직접 가서 도움을 구했으나 거절당했어요. 그래서 당나라 황제를 찾아가 도움을 요청해 당나라 군대를 보내준다는 약속을 받아왔답니다. 이후 진덕여왕이 승하한 후 화백회의의 합의로 김춘추는 왕으로 추대되어 신라 최초의 진골 출신 왕이자 스물아홉 번째 왕, 태종 무열왕이 되었어요. 태종 무열왕은 당나라와 힘을 합쳐 백제를 무너뜨리고 삼국통일의 기초를 만들었습니다. 태종 무열왕은 여러모로 상반된 평가를 받는 인물이에요. 능수능란한 외교술과 임기응변을 통해 신라가 삼국통일을 할 수 있게 판을 짠 명군이라는 긍정적인 평가와 당나라와 동맹으로 인해 대동강 이북의 땅을 외세에 넘긴 군주라는 부정적인 평가로 나뉜답니다.

19.「통일신라의 기틀을 다진 신문왕」

신문왕은 문무왕의 장남으로 통일된 신라의 두 번째 왕이에요. 문무왕은 백제와 고구려를 평정하고 당나라의 세력을 몰아내어 삼국통일을 완수한 뛰어난 군주입니다. 삼국이 통일된 5년 후인 681년, "죽어서도 나라를 위협하는 일본 해적들을 막아내는 용이 되겠다."라는 말을 남기고 문무왕은 승하했는데, 효자였던 신문왕은 아버지의 뜻을 받들어 일본 도적들이 출몰하는 서라벌 바닷가 대왕암에 문무왕의 장례를 지냈어요. 그리고 바닷가에 문무왕을 기리는 감은사라는 절을 지었어요. 감은사는 특이한 점이 있는데, 바로 절의 금당 밑까지 바닷물이 들어오도록 설계되어 있어요. 이는 용이 쉽게 접근할 수 있도록 배려한 것이라고 해요. 문무왕은 새로운 나라에 걸맞은 많은 일을 추진하였습니다. 신라는 신문왕 때에 통일 후의 혼란에서 벗어나 힘차게 도약할 수 있었으며, 새로이 나라의 기틀을 다질 수 있었어요. 신문왕이 이루어 놓은 안정과 평화는 후대 왕들이 나라를 다스리는 데 훌륭한 밑거름이 되었습니다.

20.「백제 무왕과 신라 선화공주」

무왕은 삼국시대 백제의 제30대 왕이에요. 재위 기간은 600~641년이며, 의자왕의 아버지입니다. 『삼국유사』에 인용된 서동 설화의 주인공으로 알려져 있어요. 무왕은 익산 미륵사를 창건하였다고 하는데 그에 관한 이야기도 『삼국유사』에 전해옵니다. 하루는 왕이 부인과 함께 한 사찰에 행차하던 중, 용화산

아래 큰 연못가에 이르렀어요. 그때 미륵삼존이 연못 속에서 나타나자 왕은 수레를 멈추게 하고 경의를 표하였습니다. 부인이 왕에게 "이곳에 큰 절을 짓는 것이 진실로 제 소원입니다."라고 말하였어요. 그래서 왕이 이를 허락하고 지명법사에게 연못을 메우는 일에 대해 묻자, 법사가 신통력으로 하룻밤 만에 산을 무너뜨려 연못을 메워 평지를 만들었어요. 그래서 미륵삼존의 모습을 본떠서 상을 만들고 전각과 탑을 만들고는 미륵사라고 하였다고 해요. 무왕은 42년간 즉위하여 백제의 중흥기를 구축했다는 호평을 받았어요. 재위 기간 신라에 공세를 취하는 한편 고구려와 수나라가 각축전을 벌일 때 중립 외교를 펼쳤습니다.

짧은 글 쓰기 연습 4

낱말과 속담의 뜻과 쓰임을 익히고 그 낱말과 속담을 사용해 문장을 만들어 보세요.

1. 아래 가로 열쇠, 세로 열쇠의 풀이말을 보고 퍼즐 빈칸에 알맞은 낱말을 〈보기〉에서 찾아 써 보세요.

보기
화랑 지도
장수 위업
답례 열흘
장안 화채
열매 수위
답안지 사나흘
나물 도읍
안채 병사

🗝 가로 열쇠
① 말이나 동작, 물건 등으로 남에게서 받은 예를 도로 갚음
② 수도 또는 번화한 도시
③ 지구 표면의 일부 또는 전체의 상태를 일정한 비율로 줄여서 평면상에 나타낸 그림
⑤ 군사를 거느리고 지휘하는 우두머리
⑦ 뛰어나고 훌륭한 사업이나 업적
⑧ 예전에, 군인이나 군대를 이르던 말
⑩ 풀이나 어린 나뭇잎, 뿌리, 줄기 및 채소 따위를 다듬거나 데친 뒤 갖은 양념에 무쳐서 만든 반찬
⑪ 1.열 날, 2.그 달의 열째 날
⑫ 신라 때, 청소년들의 수양 단체
⑬ 두 채 이상으로 된 집에서 안에 있는 채

🗝 세로 열쇠
① 시험을 치를 때, 문제에 대한 답을 쓰도록 마련된 종이
④ 예전에, 한 나라의 수도를 이르던 말
⑥ 강, 바다, 호수, 저수지 등 수면의 높이
⑨ 사흘이나 나흘 정도의 시간(3~4일)
⑪ 식물이 수정한 뒤 씨방이 자라서 된 것
⑫ 꿀이나 설탕을 탄 물이나 오미잣국에 각종 과일이나 꽃잎을 넣고 잣을 띄워 만든 음료

• 위의 낱말 중 세 개를 골라 하나씩 쓰고, 그 낱말을 넣어 각각 짧은 글을 지어 보세요.
  예) 안채: 나는 **안채**에 계신 할머니께 가서 인사를 드렸다.

  :
  _____

  :
  _____

  :
  _____

2. 다음 낱말에 쓰인 한자에 대해 알아봅시다.

川	내 천	뜻: ①내. 물 흐름, ②내의 신, ③굴, 깊숙하게 팬 곳

• 천(川)은 여러 가지 뜻 중에서 '내' 또는 '물이 흐르는 곳'의 뜻으로 가장 많이 쓰여요.

보기

하천 개천 골화천 천변 산천 천렵

• 다음 낱말 뜻을 보고 빈칸에 알맞은 낱말을 위의 〈보기〉에서 찾아 쓰세요.

① ☐☐☐ : 고구려로 가던 김유신이 세 신령을 만난 곳, 오늘날 경상북도 영천	② ☐☐ : 냇물에서 고기를 잡음
③ ☐☐ : 육지 표면에서 일정한 물길을 따라 흐르는 큰 물줄기	④ ☐☐ : 냇물의 가장자리
⑤ ☐☐ : 산과 내라는 뜻으로, 자연을 이르는 말	⑥ ☐☐ : 시내보다는 크고 강보다는 작은 물이 흘러가는 줄기

3. 다음 속담 뜻을 알아봅시다.

아니 땐 굴뚝에 연기 날까

아궁이에 불을 때야 굴뚝에서 연기가 나오지요. 이처럼 원인이 없으면 결과가 있을 수 없음을 나타내거나 실제로 어떤 일이 있었기 때문에 말이 나옴을 비유적으로 이르는 말이에요.

예) 아니 땐 굴뚝에서 연기가 나겠어? 분명히 선화공주님이 서동과 사귀시는 거야.

· 위 속담을 넣어 짧은 글을 써 봅시다.

_____
_____
_____

| 글쓰기 연습 4 |

생활문

생활문은 자신이 겪은 일을 쓴 글입니다. 일기와 비슷하지요. 그날의 일을 쓰는 일기와 다르게 생활문은 오래 전의 일을 써도 됩니다. 자신이 겪은 일을 솔직하고 실감 나게 쓰면 되지요.

생활문은 어떻게 쓸까요?

1. 글감 정하기
자신이 집이나 학교, 학원 등 일상에서 겪은 일을 떠올려 보세요. 그중에서 가장 인상적인 일, 깨달음을 주었던 일, 크게 기쁘거나 안타까웠던 일 한 가지를 글감으로 정해요.

2. 개요 짜기
글을 몇 부분으로 나누어 쓸지, 각 부분에 어떤 이야기를 쓸지 정하는 것을 '개요 짜기'라고 해요. 생활문은 보통 세 부분으로 나누어 씁니다.

- 처음: 언제, 어디서 있었던 일인지 씁니다.
- 가운데: 어떤 일이 있었는지 자세히 씁니다.
- 끝: 그 일이 어떻게 해결되었는지 쓰고, 느낌이나 깨달은 점을 씁니다.

3. 대화글 넣기
생활문에 대화글을 넣으면 읽는 사람이 더 생생한 느낌을 갖고 재미있게 읽을 수 있어요.

● 다음은 김유신의 막내 여동생 문희가 언니의 꿈을 산 일을 생활문으로 쓴 것입니다. 이 글을 참고해 생활문 쓰는 방법을 익혀 보세요.

제목	**언니에게 산 꿈**
처음	어제 아침의 일이다. 아침을 먹은 뒤 보희 언니가 나를 조용히 부르기에 살그머니 언니 방으로 따라갔다. 언니는 방문을 닫고 꿈 이야기를 시작했다.
가운데	지난밤 꿈속에서 언니는 서악에 올라가 오줌을 누었다고 한다. 그런데 그 오줌이 서라벌 안을 가득 채웠다는 것이다. 언니는 너무 이상한 꿈이라며 부끄러워 했다. 나는 언니와 생각이 달랐다. 그 꿈은 보통 꿈이 아니다. "언니, 내가 그 꿈을 살게. 나한테 팔아." "뭐라고? 부끄럽고 더러운 꿈을 산다고?" "그래, 얼마 주면 팔래?" "그럼, 네 빨간 비단 치마를 줘. 그럼 팔게." 언니는 내 치마 위에 꿈을 던지는 시늉을 했고, 나는 치마폭으로 그 꿈을 받는 척했다. 그리고 언니에게 약속한 비단 치마를 주었다.
끝	언니는 내가 어리석다고 생각하는 것 같지만, 나는 그 꿈을 사길 잘했다고 생각한다. 나중에 보자. 그 꿈 덕분에 나는 서라벌 안에서 제일가는 여자가 될 것이다!

글쓰기 연습 4

생활문 쓰기

생활문을 써 봅시다.
자신이 겪은 일 중의 하나를 글감으로 고르세요. 분명하게 기억나는 일로 정해야 글로 쓰기 쉬워요. 그리고 개요를 짠 뒤, 대화글을 사용해 실감 나게 써 보세요.

1. 글감 정하기:

2. 개요 짜기

처음	언제, 어디	
가운데	어떤 일	
끝	느끼거나 깨달은 점	

3. 대화글 넣기: 어느 부분에 어떤 대화글을 넣을지 미리 적어보세요.

• 위에 적어둔 내용을 글로 완성해 보세요.

제목
처음
가운데
끝

글쓰기 연습

Week 5

법흥왕과 이차돈
노힐부득과 달달박박
아름다운 수로부인
호랑이를 감동시킨 김현
역신을 물리친 처용

21 법흥왕과 이차돈
불교를 위해 목숨을 바치다

신라 제23대 임금 법흥왕이 어느 날 신하들에게 말했어요.

"한나라 임금이 그랬던 것처럼 나도 백성이 복을 빌고 죄를 없앨 수 있도록 불교를 널리 펴고자 하오."

그러나 신하들은 왕의 뜻을 알아차리지 못하고 나라를 다스리는 법만 중요하다고 생각했지요. 그래서 왕은 몹시 안타까웠습니다.

그런데 궁궐 안에 남몰래 불도를 닦던 사람이 있었습니다. '사인'이라는 낮은 벼슬을 가진 스물두 살 젊은이로 이름은 이차돈, 또는 염촉이라고 했지요. 이차돈은 품성이 곧고 마음이 아주 맑은 사람이었습니다. 이차돈은 왕의 말을 듣고 그 뜻을 알아차려 왕에게 아뢰었어요.

"신이 비록 어리석으나 나라를 위해 몸을 바치는 것이 신하의 도리인 줄 압니다. 대왕께서 제가 그릇되게 말을 전했다는 죄를 물으시며 제 목을 베십시오. 그러면 모두가 대왕의 뜻에 따를 것이옵니다."

"내 어찌 죄 없는 너를 죽이겠느냐."

"신도 목숨이 아깝지 않은 것은 아니옵니다. 허나 오늘 제 한몸이 죽으면 내일 불법이 퍼져 부처님의 환한 빛이 비치고 대왕께서 평안해질 것인데 무엇을 망설이겠나이까?"

그제야 왕은 바위처럼 단단한 이차돈의 마음을 받아들였습니다.

왕은 이차돈에게 형벌을 내릴 채비를 하고 신하들을 불러 모았습니다.

그러고는 화를 내며 큰소리로 호령했지요.

"그대들은 어찌하여 내가 불법을 널리 전하고자 절을 지으려 하는데 감히 듣지 않는가?"

신하들은 겁이 나 벌벌 떨었어요. 이때 왕이 이차돈을 불러 그릇되게 말을 전했다며 크게 혼냈습니다. 이차돈은 조용히 고개만 숙이고 있었어요. 왕이 더 크게 화를 내면서 당장 이차돈의 목을 베라고 했지요.

형장으로 끌려간 이차돈은 '이제 불법을 일으키고자 세상을 버리니, 하늘은 기적을 내려주소서.'라며 마음으로 빌었습니다. 관리가 이차돈의 목을 베자 놀랍게도 목에서 흰 젖이 한 길이나 솟구쳤어요. 그리고는 해와 달이 빛을 잃어 사방이 어두워지고 땅이 크게 흔들렸습니다. 또 하늘에서 수많은 꽃잎이 비처럼 떨어졌어요. 또 온 나라의 샘물이 갑자기 말라 물고기와 자라가 뛰어오르고 나뭇가지가 부러져 원숭이들이 떼 지어 울었습니다.

이 놀라운 일을 보고 모두가 이차돈을 성스럽게 여겼으며 어떤 신하도 불교를 받아들이는 것에 반대하지 못했어요. 그래서 법흥왕은 불교를 신라의 종교로 공인했고, 이차돈의 아내는 남편의 명복을 빌며 '자추사'라는 절을 지었습니다.

작품 정보

「법흥왕과 이차돈」

신라에 불교가 공인된 내력에 대한 이야기입니다. 이 부분은 법흥왕이 이차돈의 제안으로 그의 목을 베자 놀라운 일이 일어나 신하들과 백성들이 불교를 받아들이는 내용입니다.

1. 다음 〈보기〉에 쓰인 '길'과 같은 뜻으로 쓰인 문장을 고르세요.

> 보기
> 관리가 이차돈의 목을 베자 놀랍게도 목에서 흰 젖이 한 **길**이나 솟구쳤어요.

① 나그네는 어두운 숲속에서 **길**을 잃었다.

② 집으로 돌아오는 **길**에 편의점에 들렀다.

③ 이 황소는 **길**이 잘 들어서 밭을 금세 갈 수 있다.

④ 열 길 물속은 알아도 한 **길** 사람 속은 모른다.

2. 이차돈에 대한 설명으로 틀린 것을 고르세요.

① 남몰래 불도를 닦았어요.

② 법흥왕의 미움을 받았어요.

③ 낮은 벼슬을 가진 젊은이였어요.

④ 품성이 곧고 마음이 맑았어요.

3. 법흥왕이 이차돈의 목을 베기로 한 까닭을 고르세요.

① 이차돈이 남몰래 불도를 닦아서

② 낮은 벼슬을 가진 이차돈이 왕에게 자기 의견을 말해서

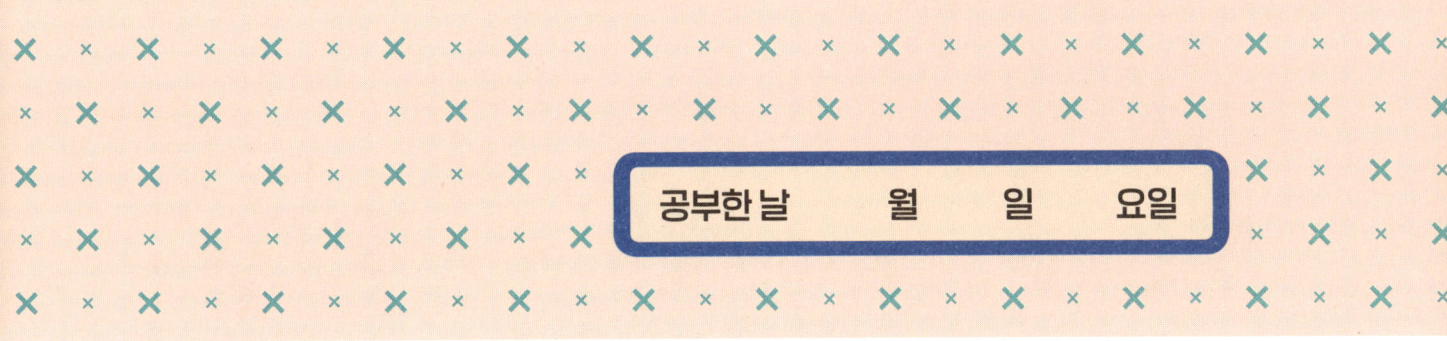

③ 불교를 널리 펴는 것을 신하들이 반대하지 못하도록 하려고

④ 이차돈이 왕의 말을 잘못 전했기 때문에

4. 이차돈의 목을 베자 어떤 일이 일어났나요? 알맞은 말을 골라 ○ 표 하세요.

> 이차돈의 목을 베자 목에서 흰 **(젖이 / 피가)** 솟구쳤어요.
> 해와 달이 빛을 잃어 어두워지고 **(별 / 땅)**이 크게 흔들렸습니다.
> 하늘에서 수많은 꽃잎이 비처럼 떨어졌어요.
> 온 나라의 샘물이 갑자기 말라 물고기와 자라가 뛰어올랐어요.
> 모두가 **(이차돈 / 법흥왕)**을 성스럽게 여겼고 법흥왕은 불교를 신라의 종교로 공인했어요.

5. 밑줄 친 곳에 알맞은 말을 넣어 이야기 내용을 간추려 보세요.

> 신라 제23대 임금 _____은 불교를 널리 전하고 싶었지만 신하들이 말을 듣지 않았어요. 자신을 희생하겠다는 _____의 목을 베자 신비로운 일들이 일어나 법흥왕은 _____를 공인할 수 있었어요.

22 노힐부득과 달달박박
부처가 된 두 친구

　옛날 신라 땅의 백월산 아래 한 마을에 노힐부득과 달달박박이라는 두 청년이 살았어요. 어려서부터 친구였던 두 청년은 마음속에 품은 뜻이 컸어요. 두 친구는 나이 스물이 되기 전에 머리를 깎고 스님이 되었습니다. 각자 아내와 아이들을 데리고 부지런히 농사도 짓고 돈 버는 일을 했지만 자주 만나서 속세를 떠나 도를 닦고 싶은 마음을 털어놓고는 했어요.

　그러던 어느 날 두 친구는 마침내 속세를 떠나기로 마음을 모았습니다. 굳게 결심한 두 친구는 깊은 산골에 들어가 숨어 살며 진리를 깨우칠 공부를 시작했습니다. 노힐부득 스님은 돌무더기 밑 물가에 방 한 칸을 짓고 살고, 달달박박 스님은 사자바위 밑에 판잣집을 짓고 살며 수련을 했습니다.

　두 사람이 도를 닦은 지 3년이 지난 어느 날이었습니다. 해 질 무렵 젊은 색시 하나가 달달박박의 집을 찾아왔습니다. 해는 저물고 갈 길은 머니 하룻밤만 재워달라는 것이었어요. 달달박박은 색시를 꾸짖어 내쫓았어요.

　"절이란 깨끗한 곳이라 당신 같은 속세 사람이 들어올 곳이 아니오!"

　색시는 곧장 노힐부득을 찾아가 하룻밤 묵어가기를 청했습니다. 노힐부득은 한참 생각한 뒤 말했습니다.

　"본래 이곳은 젊은 색시가 올 곳이 못 되지만, 사람들을 돕는 것 또한 자비로운 도를 닦는 일이지요."

공손하게 젊은 색시를 암자 안으로 맞아들인 노힐부득은 마음을 맑게 하고 조용히 염불을 했습니다. 그런데 한밤중에 색시가 갑자기 소리쳤습니다.

"제가 지금 아이를 낳으려고 하니 도와주십시오."

노힐부득은 색시가 아이 낳는 것을 도와주었습니다. 아이를 낳은 색시는 목욕을 시켜 달라고 했습니다. 노힐부득은 부끄럽고 두려웠지만 불쌍한 마음이 들어 따뜻한 물을 준비하고 목욕까지 시켜주었어요. 그랬더니 그 물이 황금빛으로 변했습니다. 색시가 노힐부득에게 그 물로 목욕을 하라고 했어요. 노힐부득이 금빛 물에 목욕을 하자 마음이 한없이 맑아지면서 노힐부득의 몸도 금빛이 되었어요. 색시는 자신이 관음보살이며 노힐부득이 부처님의 도를 이루는 것을 도와주러 온 것이라 말하고는 사라져 버렸습니다.

한편 달달박박은 노힐부득이 색시의 꾐에 빠져 계율을 어겼을 것으로 생각해 놀려주러 왔습니다. 그런데 노힐부득이 금빛으로 빛나는 부처님이 된 것을 보고 깜짝 놀랐어요. 달달박박은 저도 모르게 절을 하고 어찌된 일인지 물었습니다. 노힐부득은 지난밤에 있었던 일을 이야기 해주고 달달박박에게도 남은 물로 목욕하라고 권했어요. 달달박박도 남은 물로 목욕을 하고 금빛 부처가 되었습니다.

작품정보

「노힐부득과 달달박박」

신라에 불교가 공인된 후 진리를 좇아 불도를 닦은 두 친구의 이야기입니다. 이 부분은 더 높은 진리를 깨닫기 위해 산속에 숨어 살며 도를 닦던 두 친구가 깨달음을 얻어 부처가 되는 내용입니다.

1. 다음 낱말들의 뜻을 찾아 줄로 이어 주세요.

① 속세 ・　　　　　・ ㉠ 불경을 외는 일

② 도　 ・　　　　　・ ㉡ 신도나 성직자가 지켜야 할 규범

③ 염불 ・　　　　　・ ㉢ 불교에서 일반 사회를 이르는 말

④ 계율 ・　　　　　・ ㉣ 종교적으로 깊이 깨친 이치

2. 다음 밑줄 친 '마음속에 품은 뜻'이 가리키는 것을 고르세요.

> 어려서부터 친구였던 두 청년은 <u>마음속에 품은 뜻</u>이 컸어요.

① 나이 스물이 되기 전에 결혼하는 것

② 아내와 아이들을 데리고 부지런히 일해 돈을 버는 것

③ 깊은 산 속에 집을 짓고 혼자 사는 것

④ 속세를 떠나 진리를 깨우칠 공부를 하는 것

3. 달달박박이 젊은 색시를 쫓아낸 까닭을 고르세요.

① 절은 깨끗해야 하는데 색시가 너무 더러운 옷을 입고 있어서

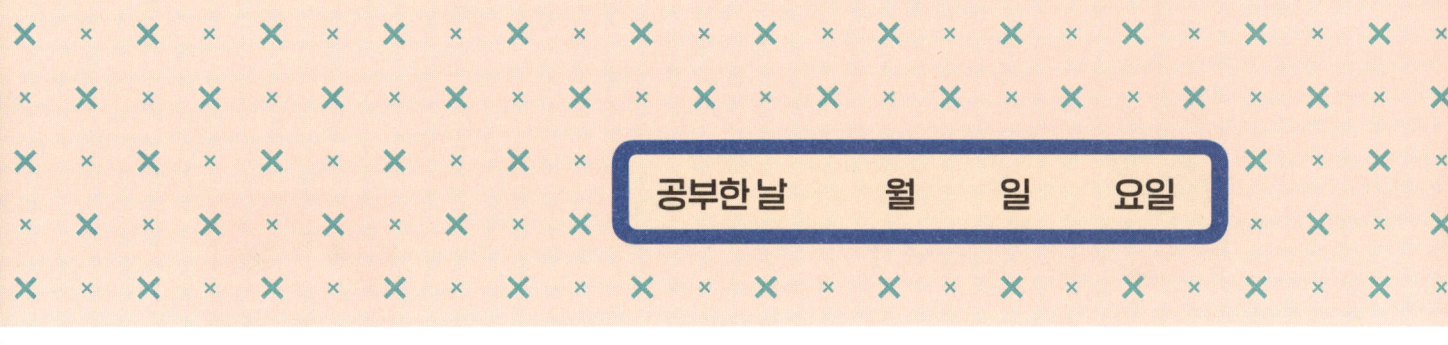

② 색시를 집에 들어오게 하는 것이 계율을 어기는 것이라 생각해서

③ 속세 사람을 집에 들어오게 하면 부처님께 벌을 받을까봐

④ 집에 아무도 못 들어오게 하기로 노힐부득과 약속해서

4. 다음은 노힐부득에게 일어난 일입니다. 순서대로 (　)안에 번호를 쓰세요.

① 색시가 아이 낳는 것을 도와주었어요. (　　)

② 색시를 암자 안으로 들어오게 하고 염불을 했어요. (　　)

③ 금빛 물에 목욕하고 부처가 되었어요. (　　)

④ 색시가 목욕하는 것을 도와주었어요. (　　)

⑤ 색시는 자신이 관음보살이라고 말하고 사라졌어요. (　　)

5. 밑줄 친 곳에 알맞은 말을 넣어 이야기 내용을 간추려 보세요.

노힐부득과 _____이 깊은 산속에서 도를 닦고 있을 때 관음보살이 색시의 모습을 하고 나타났어요. 계율을 어기면서도 색시를 도와준 _____이 먼저 _____가 되었고, 친구의 도움으로 달달박박도 부처가 되었어요.

23 아름다운 수로부인
용궁에 다녀온 부인

신라 성덕왕 때 순정공이 강릉 태수 벼슬을 받아 강릉으로 가고 있었습니다. 바닷가에 이르러 점심을 먹을 때였어요. 주변에는 바위산이 병풍처럼 둘러 있고 천 길이나 되는 높은 곳에 철쭉꽃이 활짝 피어 있었어요.

순정공의 아내 수로부인이 사람들에게 말했습니다.

"저 꽃을 저에게 꺾어다 줄 사람 없을까요?"

그러나 아무도 꽃을 꺾어다 주겠다고 나서지 않았어요.

"저기는 사람의 발길이 닿을 수 없는 위험한 곳입니다."

하며 사람들이 모두 고개를 젓고 있을 때 암소를 몰고 지나가던 한 노인이 그 꽃을 꺾어다가 노래까지 지어서 함께 바쳤어요. 그 노인이 누구인지는 아무도 몰랐습니다.

다시 길을 떠난 일행은 이틀 뒤에 임해정이라는 바닷가 정자에서 점심을 먹으며 쉬게 되었어요. 그때 갑자기 바다에서 용이 나타나 부인을 낚아채 바닷속으로 들어가 버렸습니다. 너무 놀란 순정공은 바닥에 쓰러져 발을 동동 굴렀지만 모두 어쩔 줄 몰랐어요.

이때 또 다른 노인이 나타나 말했습니다.

"옛말에 '여러 사람의 말은 쇠도 녹인다' 했습니다. 바닷속 짐승이 제아무리 사납다 해도 어찌 여러 사람의 입을 두려워하지 않겠습니까? 이 지역 백성들을 모아 노래를 지어 부르며 막대기로 언덕을 두드려 보십시오. 부인을 되찾을 수 있을 것입니다."

그래서 그 말대로 그 지역 백성들을 많이 모아서 막대기로 언덕을 두드리며 다음과 같은 노래를 지어 불렀어요.

거북아 거북아, 수로부인을 내놓아라.
남의 부인 빼앗아 간 죄 그 얼마나 큰가?
네가 만약 거역하고 내놓지 않는다면
그물로 너를 잡아 불에 구워 먹으리라.

그러자 바닷속에서 용이 수로부인을 모시고 나와 얌전히 내놓고 갔어요. 순정공이 아내에게 바닷속에서 겪은 일을 물었더니 수로부인은 이렇게 대답했어요.

"일곱 가지 보석으로 꾸민 궁궐과 달고 기름지며 향기롭고 깨끗한 음식들이 인간 세상의 것들과 달랐습니다."

그리고 보니 수로부인의 옷에서도 신비로운 향내가 풍겼는데 인간 세상에서 맡아 보지 못한 것이었어요.

수로부인은 매우 아름다워서, 그 후에도 깊은 산이나 큰 연못, 바다를 지날 때마다 여러 번 괴물이나 귀신에게 붙잡혀 가곤 했답니다.

작품정보

「아름다운 수로부인」

신라 성덕왕 때 강릉 태수가 되어 부임지로 향하던 순정공의 아내 수로부인 이야기입니다. 이 부분은 아름다운 수로부인이 바닷속으로 끌려갔다가 여러 백성이 노래를 지어 부르자 되돌아오는 장면입니다.

1. 다음 속담의 뜻으로 알맞은 것을 고르세요.

> 보기
> 여러 사람의 말은 쇠도 녹인다.

① 여러 사람이 동시에 말하면 그만큼 시끄럽다.

② 사람이 많으면 소문이 빨리 퍼진다.

③ 다른 사람에게 말할 때는 따뜻한 말을 골라 해야 한다.

④ 여러 사람이 함께 말하면 큰 힘을 발휘한다.

2. 이 이야기에 등장한 인물들에 대한 설명이 틀린 것을 고르세요.

① 순정공: 부인을 구하려고 바다에 뛰어들었다.

② 수로부인: 매우 아름다워 괴물이나 귀신에게 잡혀가곤 했다.

③ 소를 몰던 노인: 철쭉꽃을 꺾어 수로부인에게 바쳤다.

④ 또 다른 노인: 수로부인을 되찾을 방법을 알려주었다.

3. 다음은 사람들이 수로부인을 구하려고 부른 노래의 일부입니다. 빈칸에 알맞은 말을 쓰세요.

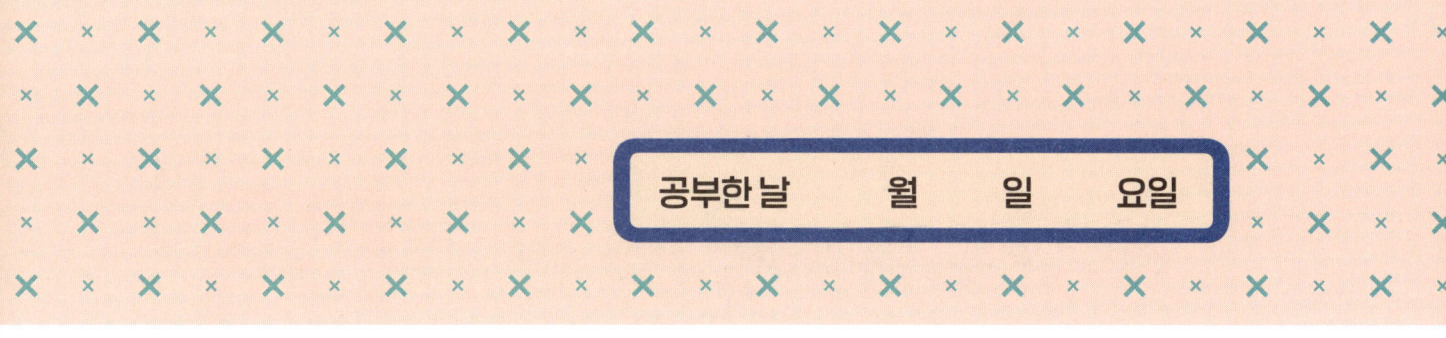

□□아 □□아, 수로부인을 내놓아라.
남의 □□ 빼앗아 간 죄 그 얼마나 큰가?

4. 다음 중 이 이야기의 내용과 어울리지 않는 말을 한 친구를 고르세요.

① 해주: 위험한 곳에 피어 있던 철쭉꽃을 꺾어다 준 노인이 놀라워.

② 승민: 용에게 아내를 빼앗긴 순정공은 무척 놀랐겠다.

③ 지우: 거북을 구워 먹은 노인은 잔인한 사람이야.

④ 세아: 수로부인이 다녀온 바닷속은 꼭 용궁 같아.

5. 밑줄 친 곳에 알맞은 말을 넣어 이야기 내용을 간추려 보세요.

신라 성덕왕 때 _____이 높은 곳에 핀 철쭉꽃을 원하자, 한 노인이 꺾어 바쳤어요. 수로부인이 바다의 ____에게 잡혀갔을 때는 여러 사람이 모여 부인을 내놓으라고 _____를 부르자 무사히 돌아왔습니다.

아름다운 수로부인 145

24 호랑이를 감동시킨 김현
호랑이 처녀

　신라 원성왕 때 화랑 김현이 흥륜사에서 탑을 돌며 복을 비는 복회에 참석했어요. 그러다 탑돌이를 함께 하던 처녀와 사랑에 빠졌지요. 복회가 끝난 뒤 한참 이야기를 나누다가 처녀가 집으로 돌아가려 하자 김현도 따라나섰습니다. 처녀가 안 된다고 하는데도 한사코 따라갔지요. 처녀는 산기슭에 있는 초가집으로 들어갔어요. 집 안에 있던 할머니가 김현이 누구냐고 물었지요. 처녀가 사실대로 말하자 할머니가 말했습니다.
　"너의 세 오라비들이 곧 올 텐데, 그 아이들이 사나워 무슨 짓을 할지 모르니 어서 저 총각을 숨겨 주어라."
　할머니의 말대로 처녀는 김현을 숨겨 주었습니다. 잠시 후 호랑이 세 마리가 집으로 들어왔습니다. 처녀의 오빠인 세 호랑이는 사람 냄새가 난다며 집 안을 뒤졌지만, 할머니와 처녀는 너희들 코가 잘못된 거라고 꾸짖었어요.
　그때 하늘에서 큰 소리가 들려왔습니다. 호랑이 삼 형제가 많은 사람의 목숨을 해치니 호랑이 한 마리를 죽이겠다는 것이었어요. 세 호랑이는 두려움에 떨었어요. 처녀는 오라버니들이 죄를 뉘우치고 이곳을 떠난다면 자신이 하늘의 벌을 받겠다고 말했어요. 이 말을 들은 세 호랑이는 기뻐하며 먼 곳으로 달아나 버렸습니다. 처녀는 김현에게 말했습니다.
　"저는 비록 호랑이로 당신과 다른 족속이지만 우리는 이미 부부나 다름

없습니다. 제가 세 오라비를 대신해 죽으려 하는데 다른 사람의 손에 죽는 것보다는 서방님의 칼에 죽어 은혜를 갚고자 합니다. 내일 제가 성안으로 들어가 사람들에게 해를 입히겠습니다. 그러면 왕이 벼슬을 걸고 저를 잡을 사람을 찾을 것입니다. 그러면 서방님께서 저를 쫓아오시어요. 제가 서방님께 잡히겠습니다."

김현은 귀하게 만난 인연인데 족속이 다르다고 해서 처녀의 목숨으로 자신이 벼슬을 얻을 수는 없다고 했습니다. 그러나 처녀는 자신의 죽음은 김현에게도 이롭고 자기 집안과 나라에도 이롭다고 김현을 설득했습니다. 다만 자신이 죽은 뒤에 절을 세우고 불경을 읽어 달라고 했지요. 김현과 호랑이 처녀는 그렇게 하기로 하고 울면서 헤어졌습니다.

다음 날 성안에 호랑이가 나타나 사람들을 해치자, 원성왕이 호랑이를 잡는 자에게 벼슬을 주겠다고 했어요. 김현이 칼을 들고 호랑이가 사라진 숲으로 들어갔고, 호랑이는 처녀로 변하여 웃으며 자신에게 다친 사람들은 흥륜사의 간장을 바르고 그 절의 나팔 소리를 듣게 하면 나을 거라고 말했습니다. 그러더니 김현의 칼을 뽑아 자기 손으로 목을 찌르고 쓰러졌어요. 김현은 숲을 나와 호랑이를 잡았다고 말하고 호랑이에게 다친 사람들에게 치료법을 알려주었습니다. 벼슬을 얻은 김현은 호랑이 처녀를 위해 호원사라는 절을 짓고 〈범망경〉이라는 불경을 읊어 호랑이 처녀의 명복을 빌었습니다.

작품정보

「호랑이를 감동시킨 김현」

신라 제38대 원성왕 때의 이야기로 김현이 호랑이를 감동시켰다는 뜻에서 '김현감호'라고도 합니다. 이 부분은 김현과 사랑에 빠진 호랑이 처녀가 자신을 희생하자 김현이 처녀를 위해 절을 짓고 불경을 읊어주며 명복을 빌었다는 내용입니다.

1. 다음 〈보기〉 안의 낱말 뜻을 읽고, 이어지는 문장의 빈칸에 알맞은 낱말을 골라 쓰세요.

   보기
   탑돌이: 절에서 밤새도록 탑을 돌며 부처의 공덕을 기리고 각자 소원을 비는 행사
   족속: 같은 문중이나 계통에 속하는, 혈연관계가 있는 사람

   ① 예전에는 절에서 밤을 새며 _____를 했지만 요즘은 한두 시간만 한다.

   ② 생김새가 다른 것을 보니 저들은 우리와 다른 _____인가 봐.

   ③ 표범은 혼자 사냥을 하는 외로운 _____이다.

   ④ 할머니는 부처님오신날에 _____를 하러 절에 가셨다.

2. 호랑이 처녀가 오빠들을 대신해 하늘의 벌을 받겠다고 한 까닭이 아닌 것을 고르세요.

   ① 오빠들이 처녀에게 간절히 부탁했기 때문에

   ② 자기를 사랑해 준 김현에게 은혜를 갚기 위해서

   ③ 오빠들을 살릴 수 있어서 자기 집안에 이롭기 때문에

   ④ 사람을 해치는 호랑이가 사라지니 나라에도 이롭기 때문에

| 공부한 날 | 월 | 일 | 요일 |

3. 사건이 일어난 순서대로 ( )안에 번호를 쓰세요.

① 처녀는 호랑이가 되어 성안에서 사람들을 해쳤어요. (   )

② 김현이 흥륜사에서 처녀를 만났어요. (   )

③ 처녀 집에 가보니 처녀의 오빠들이 호랑이였어요. (   )

④ 처녀는 오빠들을 대신해 하늘의 벌을 받겠다고 했어요. (   )

⑤ 김현은 호랑이를 잡은 공으로 벼슬을 얻었어요. (   )

4. 다음은 호랑이 처녀가 김현에게 은혜를 갚겠다고 말한 까닭입니다. 빈칸에 알맞은 말을 쓰세요.

> 김현과 자신은 족속이 다르지만 서로 사랑해 □□나 다름없기 때문에

5. 밑줄 친 곳에 알맞은 말을 넣어 이야기 내용을 간추려 보세요.

> 신라 원성왕 때 화랑 _____은 절에서 만난 호랑이 처녀와 사랑에 빠졌어요. 처녀가 오빠 호랑이들과 김현을 위해 희생하자 김현은 _____을 얻고 호랑이 처녀를 위해 ____을 지었어요.

25 역신을 물리친 처용
역신도 감탄한 너그러움

　신라 제49대 임금 헌강왕 때는 나라가 아주 크게 번성했답니다. 거리에는 노랫소리가 그치지 않았고 사계절 비도 알맞게 내리고 바람도 순하게 불었어요.

　하루는 헌강왕이 바닷가에 나갔다가 돌아오는 길이었어요. 왕과 신하들이 물가에서 쉬고 있는데 갑자기 구름과 안개가 짙게 끼어 어디가 어딘지 보이지 않았습니다. 이를 이상하게 여긴 왕이 천문을 맡은 신하에게 물어보니 동해 용의 장난이므로 용을 위해 좋은 일을 하면 풀릴 것이라고 했어요. 그 말을 들은 왕이 신하들에게 근처에 용을 위한 절을 지으라고 명을 내렸습니다. 그 말을 마치자마자 구름과 안개가 걷히고 맑은 하늘이 드러났습니다.

　구름과 안개가 걷힌 바다에서 동해 용이 일곱 아들을 거느리고 나타났습니다. 그들은 왕이 탄 수레 앞에서 왕의 덕을 칭찬하는 노래를 부르면서 춤을 추었어요. 그러더니 아들 하나를 왕에게 보내면서 서라벌에 들어가 나랏일을 도우라고 했지요. 그 아들 이름이 '처용'이었어요.

　왕은 처용을 서라벌로 데리고 와 여러 가지 일을 돕게 하면서 '급간'이라는 관직을 주고 아름다운 여인과 혼인하게 해주었습니다. 그런데 처용 아내의 아름다움에 반한 역신이 처용이 없는 밤에 처용의 집에 몰래 들어갔어요. 밤늦게 처용이 집에 돌아와 보니 잠자리에 두 사람이 누워있었어요. 그것을 본 처용은 노래를 부르고 춤을 추며 그 자리에서 물러났습니다. 사람들은 그 노래를 '처용가'라고 불렀어요.

서라벌 밝은 달밤에 밤늦도록 노닐다가
들어와 자리를 보니 다리가 넷이구나
둘은 내 것이건만 둘은 누구 것인가?
본디 내 것이었으나 빼앗긴 걸 어찌하리

역신은 그 노랫소리를 듣고 감동하여 처용 앞에 모습을 드러내며 용서를 빌었습니다.

"내가 공의 부인을 탐내어 큰 잘못을 저질렀소. 그런데도 공은 조금도 성내지 않으니 참으로 감탄할 일이오. 이제부터는 공의 얼굴이 그려진 종이만 보아도 그 문 안에는 들어가지 않겠소."

하며 맹세까지 했지요.

역신은 병을 옮기는 귀신이에요. 이 일이 있는 뒤부터 신라에는 문 앞에 처용의 얼굴을 그려 붙이는 풍습이 생겼습니다. 나쁜 병과 귀신을 쫓고 복을 맞아들이려는 것이었지요.

한편 헌강왕은 동해 용에게 절을 지어주기로 약속한 것을 잊지 않고 영취산 동쪽 기슭에 좋은 자리를 잡아 망해사라는 절을 지었습니다.

작품정보

「역신을 물리친 처용」

신라 제49대 임금 헌강왕의 나랏일을 도운, 동해 용의 아들 처용에 관한 이야기로 처용 설화라고도 합니다. 처용이 자신의 아내를 탐낸 역신을 감동시켜 훗날 역신을 물리치는 상징이 되었다는 내용입니다.

1. 다음 낱말들의 뜻을 찾아 줄로 이어 주세요.

① 번성 ·   · ㉠ 도덕적, 윤리적으로 사려 깊고 인간적인 성품

② 천문 ·   · ㉡ 천체의 운행에 따라 역법을 연구하거나, 길흉을 예언하는 일

③ 관직 ·   · ㉢ 한창 성하게 일어나 퍼짐

④ 덕 ·   · ㉣ 공무원이나 관리가 국가로부터 위임받은 일정한 범위의 직무나 그 지위

2. 이 이야기에 나오는 인물 설명이 잘못된 것을 고르세요.

① 헌강왕: 망해사라는 절을 지었어요.

② 동해 용: 구름과 안개로 장난을 쳤어요.

③ 처용: 동해 용의 아들이었어요.

④ 역신: 처용의 얼굴을 그림으로 그렸어요.

3. 물가에서 구름과 안개가 걷힌 까닭을 고르세요.

① 헌강왕이 나라를 평화롭게 잘 다스려서

② 헌강왕이 용을 위한 절을 지으라고 말해서

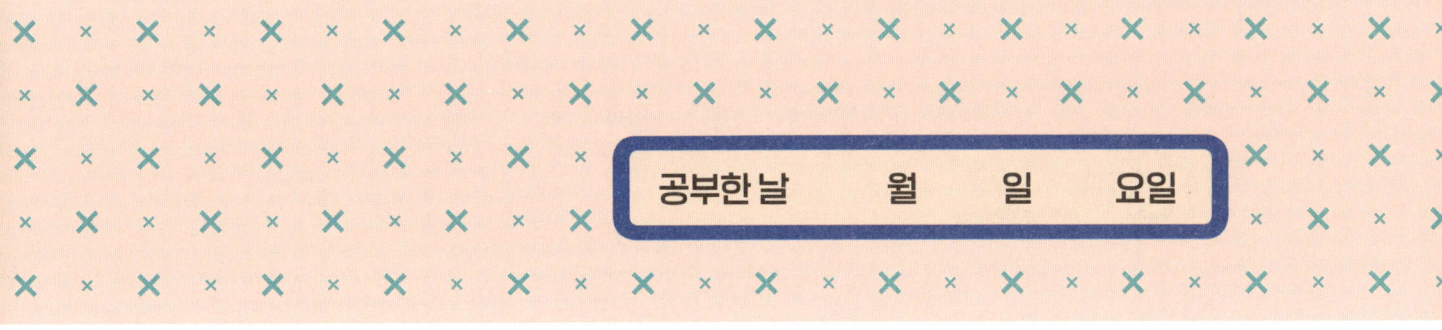

③ 동해 용이 일곱 아들을 보내서

④ 동해 용이 노래 부르며 춤을 추어서

4. 역신은 처용의 어떤 모습을 보고 감탄했을까요? 맞는 낱말에 ○ 표 하세요.

> 역신은 처용의 **(부인 / 재산)**을 탐내어 큰 잘못을 저질렀지만 처용은 조금도 **(미안해하지 / 성내지)** 않고 물러 나와 처용가라는 노래를 지어 불렀어요. 그 모습을 보고 감탄한 역신은 **(처용 / 처용 부인)**의 얼굴이 그려진 종이만 보아도 그 문 안에는 들어가지 않겠다고 했습니다.

5. 밑줄 친 곳에 알맞은 말을 넣어 이야기 내용을 간추려 보세요.

> 신라 헌강왕 때, 나랏일을 돕던 동해 용의 아들 _____은 자신의 부인을 탐낸 _____을 감탄하게 만들었어요. 그때부터 신라 사람들은 역신을 쫓기 위해 처용의 _____을 그려 문 앞에 붙였습니다.

고전 속으로

21. 「법흥왕과 이차돈」

법흥왕은 신라의 제23대 왕으로 514년 지증왕의 뒤를 이어 왕위를 계승했으며, 율령을 반포하고 불교를 공인하는 등 중앙집권적 고대 국가체제를 완성하였어요. 법흥왕 이전에도 신라 일부, 특히 왕실에는 이미 불교가 어느 정도 받아들여져 있었으나, 귀족들의 반대로 공인되거나 널리 퍼지지는 못한 상태였어요. 고대 국가는 부족들의 연합체였어요. 부족마다 문화가 다르고 신앙의 모습도 달랐어요. 종교가 다른 것은 왕권을 약화하는 중요한 요인이었어요. 법흥왕은 불교를 크게 일으키려 했으나 귀족들의 반대로 고민하던 중 527년에 이차돈의 순교를 계기로 불교의 국가적 공인이 이루어졌지요. 법흥왕은 단순히 정치적 목적으로 불교를 공인한 것이 아니었어요. 법흥왕 자신도 불교를 숭상하여 살생을 금하는 명령을 내렸으며, 노년에는 출가하여 법공(또는 법운)이라는 법명을 사용했다고 해요.

22. 「노힐부득과 달달박박」

'노힐부득과 달달박박'의 이야기는 친구끼리 맹세하고 수도에 정진하던 중 관음의 화신이 도와주어 부처의 도를 이룬 설화입니다. 부득과 박박 두 사람 모두 풍채와 골격이 범상치 않았는데 세속을 떠날 생각이 서로 일치해 좋은 친구가 되었어요. 어느 날 이들은 아예 인간 세상을 벗어나 수도를 하기 위해 백월산으로 들어가 버렸어요. 그런데 열심히 수도하던 중 관음보살의 시험에 들게 되었어요. 두 사람의 대응 방식은 달랐는데, 박박은 자신의 수도 정진을 위해 여

인을 배척했던 반면, 부득은 계율을 깨고 그 여인을 절 안으로 받아들여 해산을 돕고 목욕까지 시켜주었어요. 그리하여 부득이 먼저 성불을 이루는데, 이로써 불교의 진정한 정신은 계율에 대한 집착이 아니라 대중에 대한 자비심이라는 가르침을 얻을 수 있어요. 또 먼저 성불한 부득이 박박을 내치지 않고 그의 성불을 돕는다는 대목도 불교의 자비 사상이 무엇인지 깨닫게 해주고 있어요.

23. 「아름다운 수로부인」

수로부인은 통일신라 시대 순정공의 부인으로 신라의 향가인 '헌화가'와 '해가'의 주인공이에요. 수로부인은 순정공이 강릉 태수로 부임할 때 동행하였는데, 바닷가를 지나고 있을 때 한 노인이 높이가 천 길이나 되는 바위 위에 핀 철쭉꽃을 꺾어 와 헌화가를 지어 부르며 바쳤어요. 사람들은 그 노인이 산신이 틀림없다며, 수로부인의 미모에 반한 산신이 꽃으로 부인의 마음을 얻으려는 것이라고 했습니다. 그 일이 있은 이틀 후 바다의 용이 부인을 끌고 바닷속으로 들어가니, 순정공이 손쓸 틈도 없었어요. 이에 한 노인이 지역의 백성을 모아 노래를 지어 부르면 부인을 찾을 수 있을 것이라고 말했어요. 그 말에 따라 백성들이 모여 "거북아 거북아"로 시작하는 '해가'를 지어 부르니 용이 수로부인을 모시고 나왔다고 해요. 그 후로도 수로부인에게는 이와 같은 기이한 일들이 자주 일어났다고 해요. 이것은 아름다운 수로부인의 미모에 흠뻑 빠진 신들의 소행이라는 얘기가 전해 내려오고 있습니다.

24.「호랑이를 감동시킨 김현」

신라에서는 매년 2월이 되면 초여드레 날부터 보름날까지 수도 안의 남녀들이 흥륜사의 전각과 탑을 돌며 복을 비는 풍속이 행해졌어요.「호랑이를 감동시킨 김현」은 원성왕 때에 김현이라는 화랑이 깊은 밤 탑 돌기를 하다 호랑이 처녀와 사랑에 빠진 이야기를 담고 있어요. 이 설화는 처녀로 변신한 호랑이가 인간과 부부의 연을 맺고, 자신을 희생하여 오빠들을 살리며 남편을 벼슬길에 올린다는 불교적 권선(착한 일을 권장함)을 강조하고 있어요.

이 작품은 『삼국유사』에 실려 전하고 있는데요, 이야기의 후반부에는 『삼국유사』 편찬자의 논평이 실려 있어서 작품을 이해하는 실마리를 제공하고 있어요. 흔히 이 작품을 읽으면 호랑이 처녀의 희생에 주목하게 되는데, 이 논평에서는 김현이 복을 받게 된 이유에 초점을 맞추고 있어요. 김현이 호랑이 처녀의 희생을 통해 복을 받은 것은 그가 정성껏 탑돌이를 한 것에 부처가 감동했기 때문이라는 것이지요. 이 논평을 근거로 해석하면, 이 작품은 김현의 정성스러운 기도가 사건의 실마리가 된다고 할 수 있습니다. 제목인 '김현감호(金現感虎)'의 뜻이 '김현이 호랑이를 감동시키다'인 이유도 이와 같은 맥락이라고 볼 수 있어요.

25.「역신을 물리친 처용」

처용이 밤늦도록 서울(경주)을 돌아다니며 놀다가 집에 들어가 보니 자기 잠자리에 웬 다른 남자가 들어와 아내와 동침을 하고 있었어요. 처용은 화를 내기보다는 노래를 부르며 춤을 추고 물러 나왔지요. 그러자 아내를 범하던 자가

그 본모습인 역신으로 처용 앞에 나타나서 무릎을 꿇고 그의 대범함에 감동하여 약속을 하나 하였습니다. 처용의 형상이 있는 곳이면 그 문안에 절대 들어가지 않겠다고 맹세했어요. 이로 인해 사람들은 처용의 얼굴을 대문 앞에 그려 붙여 역신의 방문을 피했다고 해요.

역신이란 전염병을 의미합니다. 처용의 이 설화로 인해 민간에서는 처용의 얼굴을 문에 붙여 한 해의 병을 피하고자 하였고, 궁중에서는 섣달그믐날 처용의 얼굴을 한 탈을 쓰고 처용무를 추는 행사를 함으로써 나쁜 기운을 막고 전염병을 쫓고자 하였어요. 관아에서도 매년 한 해를 시작하기 전 처용 탈을 쓰고 처용무를 추는 것을 의례로 하였지요. 그리하여 처용은 천 년 이상을, 잡귀를 내쫓는 상징 인물이 되었습니다.

짧은 글 쓰기 연습 5

낱말과 사자성어의 뜻과 쓰임을 익히고 그 낱말과 사자성어를 사용해 문장을 만들어 보세요.

1. 아래 가로 열쇠, 세로 열쇠의 풀이말을 보고 퍼즐 빈칸에 알맞은 낱말을 〈보기〉에서 찾아 써 보세요.

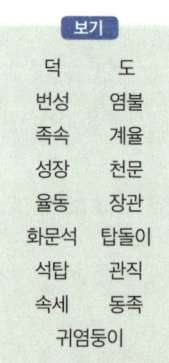

보기

덕　　도
번성　염불
족속　계율
성장　천문
율동　장관
화문석　탑돌이
석탑　관직
속세　동족
귀염둥이

🗝 가로 열쇠
① 신도나 성직자가 도덕적인 덕을 실현하기 위한 수행상의 규범
③ 같은 조상을 가진 민족
⑤ 불교에서 일반 사회를 이르는 말
⑥ 종교적으로 깊이 깨친 이치
⑧ 사람이나 동식물이 자라서 몸무게가 늘거나 키가 점점 커짐
⑩ 공무원이나 관리가 국가로부터 위임받은 일정한 범위의 직무나 그 지위
⑫ 불경을 외는 일
⑭ 꽃의 모양을 수놓아 짠 돗자리
⑯ 절에서 밤새도록 탑을 돌며 부처의 공덕을 기리고 각자 소원을 비는 행사

🗝 세로 열쇠
② 일정한 규칙에 따라 하는 움직임이나 운동
④ 같은 문중이나 계통에 속하는, 혈연관계가 있는 사람
⑦ 한창 성하게 일어나 퍼짐
⑨ 굉장하고 장대하여 볼 만한 경관
⑪ 귀여운 아이
⑬ 천체의 운행에 따라 역법을 연구하거나, 길흉을 예언하는 일
⑮ 돌로 쌓은 탑
⑰ 도덕적, 윤리적으로 사려 깊고 인간적인 성품

- **위의 낱말 중 세 개를 골라 하나씩 쓰고, 그 낱말을 넣어 각각 짧은 글을 지어 보세요.**
  예) 번성: 큰아버지의 사업이 다시 **번성**해서 참 다행이다.

  ：_____

  ：_____

  ：_____

2. 다음 낱말에 쓰인 한자에 대해 알아봅시다.

佛	부처 불	뜻: ①부처(석가모니의 다른 이름), ②불교

• 불(佛)은 아래 〈보기〉처럼 불교와 관련된 낱말에 많이 쓰여요.

> **보기**
> 불경 아미타불 불공 미륵불 예불 불교

• 다음 낱말 뜻을 보고 빈칸에 알맞은 낱말을 위의 〈보기〉에서 찾아 쓰세요.

① ◻◻◻ : 미래에 석가모니불에 이어 중생을 구제한다는 미래의 부처
② ◻◻ : 부처의 가르침을 적은 경전
③ ◻◻ : 부처에게 경배하는 의식. 또는 그 의식을 행함
④ ◻◻◻◻ : 극락세계에 머물면서 불법(佛法)을 설한다는 대승 불교의 부처
⑤ ◻◻ : 기원전 5세기에 석가모니가 창시한 종교를 이르는 말
⑥ ◻◻ : 부처 앞에 향, 등, 꽃, 음식 따위를 바치고 기원함.

3. 다음 사자성어의 뜻을 알아봅시다.

죽마고우 [竹馬故友]

중국 동진시대 때 환온과 은호라는 두 사람이 있었습니다. 두 사람은 훗날 황제의 부름을 받아 벼슬을 얻은 뒤로는 사사건건 맞서다 결국 은호가 유배지에서 죽음을 맞이합니다. 환온은 주위 사람들에게 '나는 은호와 함께 죽마를 타고 놀았다.'고 했습니다. 죽마는 대나무로 만든 말로, 옛날 어린이들이 타고 놀던 장난감이었다고 합니다. '죽마고우'는 '죽마를 타고 놀던 오래된 벗'이라는 뜻으로, 어릴 때부터 같이 놀며 자란 벗을 말합니다.

예) **죽마고우**였던 노힐부득과 달달박박은 둘 다 금빛 부처가 되었다.

· 위 사자성어를 넣어 짧은 글을 써 봅시다.

글쓰기 연습 5

독서감상문

독서감상문은 책을 읽은 뒤 자신이 생각한 것과 느낀 것을 쓴 글입니다. 자신이 읽은 책 제목과 지은이, 책의 내용을 간추려 쓴 뒤 자신이 그 책을 통해 깨닫게 된 것이나 느낀 것을 쓰면 되지요.

독서감상문은 어떻게 쓸까요?

일기나 시처럼 독특한 형식으로 쓸 수도 있지만 여기서는 주인공에게 하고 싶은 말을 하는 편지 형식으로 써 봅시다.

1. 첫인사 하기
주인공에게 편지를 쓴다고 생각하고 첫 부분에는 자기소개를 해요. 누가 지은 어떤 책에서 주인공을 알게 되었다고 첫인사도 써요.

2. 하고 싶은 말 쓰기
주인공이 한 말이나 행동을 두세 가지 고르고, 그에 대해 자신이 어떻게 생각하는지 씁니다. 먼저 주인공이 한 말이나 행동을 쓴 뒤 그에 대한 내 생각을 써요.

3. 그 책을 통해 느낀 점 쓰기
끝부분에는 책 전체 내용을 떠올려보고 느낀 점을 쓰면서 마무리합니다.

● 다음은 '노힐부득과 달달박박'을 읽고 노힐부득에게 하고 싶은 말을 쓴 것입니다. 이 글을 참고해 편지 형식으로 독서감상문 쓰는 방법을 익혀 보세요.

받는 사람	부처가 된 노힐부득 아저씨께
첫인사	아저씨, 안녕하세요? 저는 김은지라고 합니다. 일연 스님이 지은 『삼국유사』에서 노힐부득 아저씨와 달달박박 아저씨의 이야기를 읽었어요.

하고 싶은 말	이 이야기에는 어려운 낱말이 있었어요. '도'나 '진리'가 무엇인지 잘 몰라 엄마께 여쭤봤더니 부처님의 가르침을 깨닫는 것인데, 굉장히 어려운 거라고 하셨어요.
	  그래서 그런지 두 아저씨는 식구들을 버리고 깊은 산속으로 들어가셨더라고요? 만약에 우리 아빠가 진리를 깨달으러 간다고 아무도 모르는 산속으로 들어간다면 엄마와 저는 너무 슬플 거예요. 노힐부득 아저씨의 아내와 아이들도 슬프지 않았을까요?
	  하지만 아저씨가 멋있게 보이기도 했어요. 친구에게 부처가 되는 법을 알려준 것 말이에요. 혼자만 부처가 되고 싶을 수도 있는데 친구에게도 금물로 목욕하라고 알려주신 게 진짜 우정 같아 보였어요.

책 읽고 느낀 점	이 이야기를 읽으니까 다른 사람을 돕는 것도 진리인 것 같아요. 색시와 달달박박을 도운 노힐부득 아저씨처럼 말이에요.

글쓰기 연습 5

독서감상문 쓰기

주인공에게 쓰는 편지 형식으로 독서감상문을 써 봅시다. 이 책에서 읽은 글 중 하나를 골라도 되고, 재미있게 읽은 다른 책을 골라도 좋아요. 먼저 아래 빈칸에 쓸 내용을 간단히 적어보세요.

1. 받는 사람, 첫인사:

2. 하고 싶은 말:

①	주인공의 말이나 행동	
	내 생각이나 느낌	
②	주인공의 말이나 행동	
	내 생각이나 느낌	
③	주인공의 말이나 행동	
	내 생각이나 느낌	

3. 책 전체를 통해 느낀 점:

● 위에 적어둔 내용을 글로 완성해 보세요.

받는 사람 _____
첫인사 _____

하고 싶은 말 _____
_____
_____
_____
_____
_____

책 읽고 느낀 점 _____
_____

글쓰기 연습

정답 및 해설

1. 콩쥐팥쥐

> **정답**
> 1. ④ 2. ①ⓒ, ②ⓒ, ③㉠ 3. 꽃신 4. ② 5. 콩쥐, 새어머니, 잔치(잔칫집), 꽃신

해설 1. ④행차: 웃어른이 차리고 나서서 길을 감. '죄나 잘못을 따져 물음'은 '심문'의 뜻입니다.
2. 선녀가 베를 짜주고, 참새들이 나락 껍질을 까주고, 두꺼비가 밑 빠진 독의 구멍을 막아주었습니다.
3. 잔치에 늦어서 너무 서둘러 뛰어가다가 꽃신 한 짝이 벗겨졌습니다. 그러나 사또의 행차를 막을 수 없어 꽃신을 줍지 못했어요.
4. ①새어머니는 팥쥐만 데리고 갔습니다. 콩쥐는 나중에 혼자 갔어요. ③선녀는 돈을 준 것이 아니라 비단옷과 꽃신을 주었습니다. ④사또는 콩쥐의 고운 얼굴과 예의 바른 태도를 보고 반했습니다.
5. 새어머니는 팥쥐와 함께 마을 잔치에 가면서 콩쥐에게 일을 잔뜩 시켰어요. 콩쥐는 선녀와 참새, 두꺼비의 도움으로 그 일을 다 마치고 잔칫집으로 갔습니다. 너무 서둘러 가다 꽃신을 잃어버렸지만 사또가 그 꽃신의 주인을 찾다가 콩쥐를 보고 반했어요.('잔치'를 '부잣집'으로 쓰는 친구도 있겠지만, 부잣집에서 잔치가 열리니 사람들이 모이고 콩쥐도 가고 싶었던 것입니다.)

2. 소가 된 게으름뱅이

> **정답**
> 1. ①ⓒ, ②ⓒ, ③㉣, ④㉠ 2. 게으름뱅이, 낮잠 3. ③ 4. ① 5. 할아버지, 소머리, 농부, 무

해설 1. ①원두막: 과일이나 채소를 심은 밭을 지키려고 지은 막, ②코뚜레: 고삐를 매려고 소의 코를 뚫어 끼는 나무 고리, ③흥정: 물건을 사고 팔 때 품질이나 가격을 의논하는 것, ④쟁기: 논밭을 가는 농기구.
2. 아버지는 밭에서 힘들게 일하고 왔는데 게으름뱅이 아들은 낮잠만 자고 있어서 아버지는 화가 났습니다. 그래서 아버지가 아들을 '게으름뱅이 녀석'이라고 불렀지요.
3. 할아버지가 일하기 싫은 사람이 쓰면 좋은 일이 생긴다고 하자 소년은 속으로 자신한테 꼭 필요한 탈이라고 생각했습니다.
4. ①소가 되어 일을 하는 게 견디기 힘들어서 죽고 싶었던 것이므로 사람으로 돌아와서 다시 죽으려 할 것이라는 내용은 어울리지 않습니다.
5. 게으름뱅이 소년은 낮잠을 자다가 아버지께 혼나고 집을 나왔습니다. 길을 가다 어떤 할아버지가 만든 소머리탈을 쓰고 소가 되었어요. 부지런한 농부에게 팔려간 소(소년)는 일이 너무 힘들어서 죽으려고 무를 먹었습니다. 그러나 죽지 않고 다시 사람으로 돌아왔어요.

3. 해와 달이 된 오누이

> **정답**
> 1. ④ 2. ③ 3. ①3, ②5, ③1, ④2, ⑤4 4. ①○, ②X, ③○, ④X 5. 엄마, 외딴집(집), 호랑이, 나무

해설 1. '눈에 불을 켜다.'는 '몹시 욕심을 내거나 관심을 기울이다.'라는 뜻을 갖고 있습니다. ④번은 '내 친구는 눈에 콩깍지가 씌었는지 자기 남자친구가 가장 멋지다고 한다.'와 같이 쓰는 것이 어울립니다.
2. ③호랑이에게 잡아먹힌 엄마는 이 장면에는 직접 나오지 않았습니다.
3. 호랑이가 엄마를 잡아먹고 오누이 집으로 찾아왔습니다. 호랑이 목소리가 이상해서 오누이는 문을 열지 않고 문구멍으로 내다보았어요. 오누이가 호랑이를 피해 나무 위로 도망치자 호랑이도 따라 올라갔습니다.
4. ②호랑이에게 문을 열어주려고 한 것은 동생입니다. ④오누이는 나무 위로 도망쳤고, 우물 속에는 나무 위에 올라간 오누이의 그림자가 비친 것입니다.
5. 호랑이는 부잣집 잔치에서 일을 돕고 집으로 돌아가던 엄마를 잡아먹고 오누이가 사는 외딴집으로 찾아왔습니다. 오누이는 호랑이를 피해 나무 위로 올라갔지만 곧 호랑이도 따라 올라왔어요.

4. 개와 고양이

> **정답**
> 1. ① 2. 욕심쟁이, 요술 구슬 3. ④ 4. ③ 5. 개, 고양이, 강 건너, 강물(강 또는 물), 물고기

해설 1. 곳간: 식량이나 물건 따위를 간직해 보관하는 곳. ①뒷간은 대소변을 볼 수 있도록 만든 시설로 '화장실'과 같은 뜻으로 씁니다.
2. 개와 고양이의 대화글 속에 욕심쟁이 할머니가 요술 구슬을 훔쳐 갔을 거라는 말이 나옵니다. 욕심쟁이 할머니는 강 건너에 산다고 했어요. 그래서 개와 고양이는 요술 구슬을 되찾으려고 강을 건너기로 했습니다.
3. ④고양이는 물고기를 잡은 것이 아니라 어부가 잡은 물고기를 훔쳤지요.
4. 할아버지는 없어져서 걱정하던 개와 고양이가 돌아온 것을 보고 기뻐한 것이에요. 물고기를 물고 와서 더 좋았다고 했지만 그때까지 그 물고기 뱃속에서 구슬이 나올 줄은 몰랐어요.
5. 개와 고양이는 강 건너에 사는 욕심쟁이 할머니가 훔쳐간 요술 구슬을 찾아오려고 함께 강을 건넜어요. 구슬을 찾아 돌아오던 길에 그만 구슬을 강물 속에 빠뜨리고 말았지요. 하지만 고양이가 어부에게 훔쳐 온 물고기 배 속에서 요술 구슬이 나와 할아버지, 할머니, 개, 고양이는 행복하게 살았답니다.

5. 팥죽 할머니와 호랑이

> **정답**
> 1. 팥죽 2. ③ 3. ①ⓒ, ②㉠, ③㉣, ④ⓒ 4. ② 5. 팥죽 할머니, 동짓날, 호랑이

해설 1. 팥죽 할머니가 호랑이에게 동짓날 팥죽을 먹으러 오라고 한 것은 동지에 팥죽을 먹는 풍속이 있기 때문입니다. 그리고 할머니가 호랑이를 만난 건 봄인데 동지는 겨울이니 시간을 끌 수 있는 핑계도 되었지요.
2. ③할머니는 곧 죽겠구나 싶어 벌벌 떨렸다고 했어요. 그러니 '조금도 무섭지 않았어요.'라는 말은 틀린 말입니다.
3. 할머니는 봄에 팥 씨를 심고, 여름에 김을 매고, 가을에 팥을 거두어들여 겨울에 팥죽을 끓였습니다.
4. ②파리, 알밤, 송곳은 할머니를 잡아먹으러 오는 호랑이에 비하면 몸집(크기)도 작고 힘도 약해 보이니 자신을 구해줄 수 없을 것 같다고 생각했을 거예요.
5. 팥죽 할머니는 자기를 잡아먹으려는 호랑이에게 동짓날에 팥죽을 끓여줄 테니 그때 팥죽을 먹으러 와서 자신을 잡아먹으라고 했습니다. 동짓날이 되자 할머니는 호랑이가 올 생각에 눈물이 났고, 파리, 알밤, 송곳 같은 작은 것들이 할머니를 호랑이로부터 지켜주겠다며 팥죽을 얻어먹었어요.

짧은 글쓰기 연습1

1.

		②나			③흥
①도	시	락		④고	정
			⑤원	⑥두	막
	⑦코			꺼	⑫우
	뚜		⑪비	눗	물
⑧수	레	⑨행			가
고		⑩기	차	표	

2. ①마구간, ②뒤간, ③곳간, ④외양간, ⑤대장간, ⑥헛간
3. 해설 참고

해설 1. 짧은 글짓기는 위 정답에 적힌 낱말 중 어떤 것을 써도 좋지만, 1~5편에 나왔던 낱말들(나락, 흥정, 원두막, 우물가, 행차, 코뚜레)을 사용해 보면 더 좋겠습니다.
2. 마구간과 외양간, 곳간과 헛간이 서로 비슷하지만 정확히 구분해 쓰세요.
'곳간'은 「개와 고양이」 편에서 쓰인 낱말입니다.
3. 꼭 한 문장으로 쓰지 않아도 됩니다. 두세 문장에 나누어 써도 좋습니다.
'밑 빠진 독에 물 붓기'는 「콩쥐 팥쥐」 편에 나온 표현입니다.

글쓰기 연습1

초대하는 글 쓰기

· 아래 예시를 참고해 글쓰기 지도를 해주세요.

· 초대하는 글을 써 봅시다.
  1. 제목: 매콤 떡볶이 파티에 초대합니다
  2. 받을 사람: 송지우
  3. 초대하는 말: 우리 엄마표 매콤 떡볶이 파티, 지우는 떡볶이 엄청 좋아하니까, 같이 먹어야 4배로 맛있을 것 같아서
  4. 때와 장소: 6월 5일 오후6시30분, 우리집(샛별아파트 101동101호)
  5. 쓴 날짜: 5월25일
  6. 보내는 사람: 떡볶이와 지우를 좋아하는 김지민

· 위에 적어둔 내용을 글로 완성해 보세요.

제목	**매콤 떡볶이 파티에 초대합니다**
받을 사람 초대하는 말	단짝 친구 지우에게 　지우야, 내가 매일 우리 엄마표 떡볶이 자랑했더니 네가 너무너무 먹고 싶다고 했잖아. 그래서 우리 엄마표 매콤 떡볶이 파티를 하려고 해. 너도 나처럼 떡볶이를 엄청 좋아하니까 꼭 와주었으면 좋겠어. 민서랑 연우도 초대했으니 우리 4총사가 같이 모여서 먹으면 4배로 맛있을 거야!
때와 장소	• 때: 6월5일 오후 6시30분 • 장소: 우리집(샛별아파트 101동101호)
쓴 날짜 보내는 사람	5월 25일 지우와 떡볶이를 좋아하는 김지민 보냄

정답 및 해설 165

6. 구렁덩덩 신선비

> **정답**
> 1. ①허물, ②화롯불, ③동정, ④과거 2. ④ 3. 혼인, 색시, 선비 4. ③ 5. 구렁이(신선비), 목욕, 허물

해설 1. ①허물: 뱀이나 매미, 누에 따위가 벗는 껍질, ②화롯불: 화로에 담긴 불, ③동정: 한복의 저고리 깃 위에 덧대어 꾸미는 흰 헝겊 오리, ④과거: 우리나라(고려, 조선)와 중국에서 관리를 뽑을 때 실시하던 시험
2. ④구렁이 아들은 아랫집 딸에게 장가 보내달라고 졸랐지만 그 집에서 구렁이에게 딸을 시집보낼 것 같지 않아 말을 꺼내지 못했어요.
3. 구렁이는 셋째 딸과 혼인해 색시가 끓여준 물로 목욕을 하고 멋진 선비가 되었습니다. 그래서 이 이야기의 제목이 '구렁덩덩 신선비' 또는 '구렁덩덩 새 선비'지요.
4. ③구렁이 허물을 태운 것은 색시의 두 언니였습니다.
5. 구렁이는 부잣집 셋째 딸과 혼인한 날 밤, 색시가 끓여준 물로 목욕을 하고 사람이 되었어요. 그러나 구렁덩덩 신선비가 과거를 보러 간 사이에 색시의 언니들이 구렁이 허물을 태워버려 신선비는 색시에게 돌아오지 않았습니다.

7. 아기장수 우투리

> **정답**
> 1. ①㉠, ②㉢, ③㉡, ④㉣ 2. 백성, 임금, 신하 3. ④ 4. ①3, ②1, ③5, ④4, ⑤2 5. 우투리, 콩(볶은 콩), 화살

해설 1. ①탯줄: 아기가 태어날 때 잘라줘야 하는, 어머니와 이어진 줄, ②억새: 풀 이름 중 하나, ③시렁: 옛날 한옥에 있던, 선반처럼 물건을 올려놓은 수 있도록 만든 것, ④말: 곡식 같은 것들의 부피를 잴 때 쓰는 단위
2. 글의 첫 부분에서 백성들이 자신들을 나쁜 임금과 신하들로부터 구해줄 영웅을 기다렸다고 했습니다.
3. 아기가 날개로 날아다녔다거나 앞일을 내다본 것, 볶은 콩으로 갑옷을 만든 것, 그 갑옷에 화살이 부러진 것은 모두 평범하지 않은 사건입니다. 우투리가 영웅(아기장수)이라는 것을 알려주지요. 그러나 화살에 맞아 죽은 것은 평범하고 당연한 일입니다. 물론 뒤에 이어지는 이야기에서는 우투리가 다시 살아납니다.
4. 우투리가 태어난 것이 가장 먼저 일어난 일, 죽는 것이 가장 나중에 일어난 일이지요. 우투리가 태어나자 영웅이 태어났다는 소문이 돌고 임금이 그 소문을 들음 → 임금이 보낸 장수와 군대가 우투리 부모님을 고문함 → 우투리는 군사들이 다시 올 것을 미리 알고 볶은 콩으로 갑옷을 만듦 → 우투리가 화살에 맞아 죽음
5. 가난한 농부 집에서 태어난 우투리는 신기한 능력을 가져서 백성들을 구할 영웅, 아기장수였어요. 그러나 우투리는 임금이 보낸 군사들에 맞서다가 콩(볶은 콩)으로 만들어 입은 갑옷 구멍에 화살을 맞아 죽고 말았습니다.

8. 우렁 각시

> **정답**
> 1. ① 2. ④ 3. ①X, ②O, ③X, ④O 4. ② 5. 총각, 우렁이, 각시

해설 1. <보기>에서 '김'은 '논밭에 난 잡풀'이라는 뜻으로 쓰였습니다. ②에서는 '액체가 열을 받아 기체로 변한 것', ③에서는 '홍조류 보라털과의 조류'로 우리가 반찬으로 먹는 것, ④에서는 '어떤 일의 기회나 계기'라는 뜻으로 쓰였습니다.
2. ④이야기의 첫 부분에서 부모님이 안 계신 총각은 너무나 가난해서 장가도 못 갔다고 했습니다.
3. ①총각에게는 부모님이 안 계셨어요. ③총각은 우렁이를 집에 가져와 물항아리에 넣어 두었습니다.
4. ②총각은 사람의 목소리를 들었습니다. 우렁이가 사람 말을 한 것이지요. 또 글 속에 착해서 우렁이의 말을 알아들었다는 설명이 없습니다.
5. 착하고 부지런하지만 외로웠던 총각이 논에서 힘들게 일하다가 사람 목소리를 들었습니다. 사람은 없고 우렁이만 보여서 그 우렁이를 집에 가져왔지요. 우렁이는 각시로 변해 총각의 집안일을 몰래 도와주었고, 총각은 우렁 각시와 결혼해 행복하게 살았습니다.

9. 바리데기

> **정답**
> 1. ④ 2. 일곱, 다음, 셋 3. 버려지는 아기 4. ② 5. 바리데기, 오구대왕, 생명수(약수)

해설 1. 나머지 셋은 반대되는 뜻을 가진 낱말끼리 짝지은 것이지만 ④생명수와 약수는 뜻이 비슷한 말입니다.
2. 용한 점쟁이가 그해에 혼인하면 딸만 일곱, 다음 해에 혼인하면 아들을 셋 낳을 것이라고 했지만 왕은 듣지 않았지요.
3. '바리데기'는 '버려지는 아기'라는 뜻이라고 했습니다. 이 이야기의 제목이지요. '버리데기' 혹은 '바리공주'로도 전합니다.
4. 본래 이 이야기 뒤에는 바리데기가 고생 끝에 서천서역국에 도착해 어렵게 생명수(약수)를 구해와 그 사이 이미 죽어버린 아버지를 되살리고, 아버지 오구대왕이 잘못을 뉘우치는 이야기가 나옵니다. ②여섯 공주는 오구대왕이 귀하게 키워 궁궐 바깥도 나가본 적이 없다고 했으니 마음을 바꿔 서천서역국으로 떠나게 된다는 흐름은 자연스럽지 않습니다.
5. 바리데기는 오구대왕의 일곱째 딸로 태어나 성 밖에 버려졌습니다. 그러나 착한 할아버지 할머니 손에서 잘 자랐지요. 한편, 딸을 버린 벌을 받아 큰 병에 걸린 오구대왕은 서천서역국의 생명수(약수)를 마셔야만 살 수 있다고 했습니다. 그러나 멀고 험한 그 길을 아무도 가려고 하지 않았어요.

10. 강림 도령

> **정답**
> **1.** ①차사, ②관아, ③급제, ④조왕신 **2.** ③ **3.** 염라대왕, 삼 형제, 과양생이 **4.** ①1, ②5, ③2, ④3, ⑤4 **5.** 강림, 염라대왕, 저승

해설 1. ①차사: 죄인을 잡으러 다니던 관원. 오늘날 경찰과 비슷함, ②관아: 고을의 관리들이 나랏일을 처리하던 곳. 오늘날의 시청이나 구청, 경찰서와 비슷함, ③급제: 합격, ④조왕신: 부엌을 맡는 신
2. ③강림을 저승으로 보낸 것은 고을 원님입니다. 원님은 과양생이 부부의 아들들의 죽음을 밝혀내기 위해 강림을 저승으로 보내기로 했지요.
3. 원님은 용감하고 힘이 센 강림이 염라대왕을 잡아오면 삼 형제의 죽음을 밝힐 수 있을 것이라고 생각했습니다. 잡아오지 못하더라도 과양생이 부부에게 강림이 돌아올 때까지 기다리라고 하면서 시간을 끌면 된다고 생각했지요.
4. 과양생이 부부의 세 아들이 갑자기 죽음 → 과양생이 각시가 억울하다며 날마다 관아에 와서 대성통곡 함 → 시끄러워서 다른 일을 못하게 된 원님이 강림을 저승에 다녀오라고 함 → 조왕신과 문전신이 강림에게 저승 가는 길을 알려줌 → 강림이 저승에서 염라대왕을 잡음
5. 강림은 김치 고을의 차사로 용감하고 힘이 셉니다. 염라대왕을 잡아오라는 원님의 명을 받은 강림은 아내와 조왕신, 문전신의 도움으로 저승에 갔어요. 강림은 힘과 지혜와 용기로 염라대왕을 잡았습니다.

짧은 글쓰기 연습2

1.

	②우		⑤약	⑥수	
①시	렁		⑦화	롯	⑧불
	③이	④동			고
⑪억		정		⑨허	기
⑫새	장		⑩보	물	
		⑬급			
		⑭제	사		

2. ①연기자, ②환자, ③기자, ④소비자, ⑤수학자, ⑥부자
3. 해설 참고

해설 1. 짧은 글짓기는 위 정답에 적힌 낱말 중 어떤 것을 써도 좋지만, 6~10편에 나왔던 낱말들(시렁, 우렁이, 동정, 약수, 화롯불, 허물, 억새, 급제)을 사용해 보면 더 좋겠습니다.
2. '부자'는 「구렁덩덩 신선비」편에서 쓰였습니다.
3. 꼭 한 문장으로 쓰지 않아도 됩니다. 두세 문장에 나누어 써도 좋습니다.
'차사'는 「강림 도령」편에 나온 강림의 직책입니다.

글쓰기 연습2

부탁하는 글 쓰기

· 아래 예시를 참고해 글쓰기 지도를 해주세요.

· 부탁하는 글을 써 봅시다.

1. 받는 사람: 동우에게
2. 부탁하는 내용: 내 물건 쓸 때 조심해 줘.
3. 부탁하는 까닭: 내 물건을 너무 자주 빌려가서 내가 불편해. 내 지우개를 쪼개버린 것도 좀 기분 나빴어.
4. 해결 방법: 네가 네 준비물을 잘 챙기면 좋겠어. 다른 친구 것도 빌리면 어떨까. 내 물건을 소중하게 다뤄줘.
5. 부탁하는 내용(강조): 내 물건 쓸 때 조심했으면 좋겠어.
6. 부탁하는 사람: 도윤이가

· 위에 적어둔 내용을 글로 완성해 보세요.

받는 사람	동우에게
부탁하는 내용	동우야, 너에게 부탁할 게 있어. 학교랑 학원에서 내 물건 빌려 쓸 때 조심해 주면 좋겠어.
부탁하는 까닭	학교에서는 네가 내 뒷자리고, 영어학원에서는 옆자리잖아. 그런데 네가 지우개나 형광펜 같은 걸 매일 빌려 쓰는 게 조금 불편해. 내가 써야할 때 못 쓰게 되는 경우가 많아. 그리고 내가 새로 산 지우개를 빌려가서 반으로 쪼개서 돌려줬을 때는 기분이 살짝 나빴어. 별 것 아닌 것 같아도 나한테는 소중한 학용품이니까.
해결 방법	동우야, 네 준비물은 네가 준비해서 가져오는 게 어떨까? 그러면 다른 친구에게 빌리지 않아도 되니 네가 훨씬 편해질 거야. 혹시 깜빡한 물건이 있을 때는 나 말고 다른 친구 것도 좀 빌려 쓰면 좋겠어.
부탁하는 내용 (강조)	빌려주기 싫다는 말은 아니니까 오해하지 말아줘. 앞으로 내 물건 빌릴 때는 조금만 조심해 줘.
부탁하는 사람	도윤이가

11. 고조선을 세운 단군왕검

> **정답**
> 1. ①ⓒ, ②㉠, ③㉣, ④ⓛ 2. 환인, 인간, 이롭게 3. ④ 4. (100일→21일)만에 여자로 변했어요. (호랑이와→환웅천왕과) 혼인해 5. 환웅, 웅녀, 단군왕검

해설 1. ①삼위태백: 태백산 봉우리 세 개가 우뚝 솟은 곳, 환웅이 다스리고 싶어 한 곳, ②천부인: 환인이 환웅에게 준 임금의 징표, ③신단수: 신령스러운 나무, 환웅이 내려와 자리잡은 곳, ④신시: 환웅이 인간세상에 내려와 다스리려고 자리잡은 곳에 지은 이름

2. 환웅은 하늘을 다스리는 환인(환인천제라고도 함)의 아들이었습니다. 하늘에서 늘 인간 세상을 다스리고 싶어 했어요. 사람들을 널리 이롭게 다스리려 했던 그의 뜻을 '홍익인간'이라고 합니다.

3. ④환웅은 인간 세상의 360가지가 넘는 일을 모두 직접 주관하여 다스렸다고 했습니다.

4. 환웅천왕은 곰과 호랑이에게 굴속에서 100일 지내라고 했지만 곰은 21일 만에 사람이 되었습니다. 또 웅녀와 혼인한 것은 호랑이가 아니라 환웅천왕이었지요.

5. 하늘을 다스리는 환인의 아들 환웅은 인간 세상에 내려와 널리 이롭게 사람들을 다스렸습니다. 환웅은 곰에서 사람이 된 웅녀와 혼인해 아들을 낳았는데, 그 아들이 바로 훗날 고조선을 세운 단군왕검이었습니다.

12. 동부여를 다스린 금와왕

> **정답**
> 1. ④ 2. ② 3. ①○ ②○ ③X ④X 4. 바위, 개구리 5. 해부루, 동부여, 금와

해설 1. <보기>에서 '기름진(기름지다)'은 '땅에 양분이 많은 상태'라는 뜻으로 쓰였습니다. 농사가 잘될 땅이라는 의미입니다. ①에서는 양분이 많은 곡식의 상태, ②에서는 음식물에 기름기가 많은 상태, ③에서는 사람이나 동물이 살지고 윤기가 있는 상태라는 뜻으로 쓰였습니다. ④에서 '논과 밭'이 기름지다고 했으니 <보기>와 같은 뜻으로 쓰였습니다.

2. 해부루는 자신이 아끼는 신하가 신기한 꿈 얘기를 하자 그 꿈이 보통 꿈이 아니라 천제의 명이라고 생각했습니다. 그래서 도읍을 옮기고 나라 이름도 바꾼 것입니다.

3. ③해부루는 북부여를 동부여로 바꾸었습니다. ④해부루의 오랜 걱정거리는 왕위를 물려줄 자식이 없다는 것이었습니다.

4. 해부루가 타고 있던 말이 향해 울던 바위를 치워보니 아기가 있었지요. 아기가 금빛으로 빛나는 개구리와 닮아서 금와라는 이름을 지어주고 궁에서 정성껏 키웠습니다.

5. 북부여의 왕 해부루는 신비한 꿈을 따라 도읍을 옮기고 나라 이름도 동부여로 바꾸었습니다. 자식이 없던 해부루는 금빛 개구리를 닮은 아기를 궁으로 데려와 금와라 이름 지었습니다. 금와는 씩씩하고 총명하게 자라 태자가 되었고 해부루의 뒤를 이어 동부여의 왕이 되었어요.

13. 고구려를 세운 주몽

> **정답**
> 1. ④ 2. ①하백, ②해모수 3. ② 4. ② 5. 유화, 주몽, 동부여

해설 1. ①비범한: 평범한 수준보다 훨씬 뛰어난, ②되: 곡식, 가루, 액체 따위의 양을 헤아리는 단위를 나타내는 말, ③흉계: 음흉하고 악독한 꾀나 방책, ④일행: 함께 가는 사람
2. 주몽의 아버지와 어머니, 할아버지와 외할아버지가 누구인지 정리한 것입니다. ①유화는 물의 신 하백의 딸이었지요. ②하늘 임금님의 아들 해모수와 유화가 하룻밤을 함께 지냈다고 했습니다.
3. ①어머니 유화가 물의 신 하백의 딸이므로 주몽은 물의 신 하백의 외손자입니다. ③알에서 태어났다는 것은 특별한 사람이라는 의미입니다. ④물고기와 자라들이 다리를 놓아 주몽을 도와준 것은 신비한 일입니다. 또한 주몽이 물의 신 하백의 외손자이기 때문입니다. ②세 친구와 동부여를 떠나는 일은 주몽이 특별한 사람임을 보여주는 일이라고 할 수 없습니다.
4. ②금와왕은 유화를 미워해서가 아니라 사람인 유화가 알을 낳은 일이 해괴한 일이라 여겨 그 커다란 알을 내다 버리라고 한 것입니다.
5. 금와왕이 구해준 유화는 물의 신 하백의 딸이었습니다. 유화가 낳은 알에서 태어난 주몽은 재주가 많아 질투하는 사람들이 생겼어요. 주몽은 생명의 위협을 느껴 동부여를 떠나다가 대소 왕자에게 쫓기게 되었습니다. 위급한 상황에서 물고기와 자라가 다리를 놓아주어 무사히 탈출할 수 있었어요.

14. 신라의 첫 번째 임금 박혁거세

> **정답**
> 1. ①촌장, ②덕, ③기운, ④상류 2. 진한, 회의, 임금 3. ③ 4. 서라벌 5. 진한, 박혁거세(혁거세), 알영

해설 1. ①촌장: 한 마을의 일을 맡아보는 사람으로 가장 높은 위치에 있는 사람, ②덕: 도덕적, 윤리적으로 사려 깊고 인간적인 성품, ③기운: 눈에는 보이지 않으나 분위기 따위로 알 수 있는 느낌, ④상류: 강이나 냇물 따위가 흘러내려 오는 위쪽
2. 각자 고을을 다스리던 진한 땅의 여섯 촌장들은 중요한 일이 있을 때마다 모여서 회의를 했지요. 그들은 여섯 고을을 합쳐 한 나라를 세우고 덕 있는 사람을 임금으로 삼기로 했습니다. '신라'라는 이름은 그 나라가 세워진 뒤에 생긴 것입니다.
3. ①알영정에서 발견된 아이는 여자아이 '알영'입니다. ②알을 향해 절을 하던 것은 용이 아니라 말이었지요. ④아이 몸을 씻어주자 아이 몸에서 밝은 빛이 뿜어져 나오면서 온 세상이 환해졌습니다.
4. 신라의 첫 이름은 '서라벌'이었습니다. 줄여서 서벌이라고 부르기도 하고, 사라, 사로, 사로국이라고 부르기도 하다가 나중에 신라가 되었어요.
5. 옛날 진한 땅의 촌장들이 여섯 고을을 합쳐 나라를 세우려고 임금을 찾아 나섰어요. 알에서 나온 사내아기 박혁거세와 알영정에서 찾은 여자아기 알영이 열세 살이 되자 그들을 왕과 왕비로 삼고 서라벌이라는 나라를 세웠습니다.

정답 및 해설 171

15. 알에서 태어난 석탈해

> **정답**
> 1. ①ⓒ, ②ⓓ, ③㉠, ④㉡ 2. 수로, 아진포 3. ④ 4. ③ 5. 남해, 아진의선, 석탈해

해설 1. ①포구: 항구와 비슷한 뜻, ②뱃사공: 노를 저어 배를 운전하는 사람, ③부왕: 왕자가 공주가 아버지 임금을 가리키는 말, ④호위: 사람을 따라다니며 보호하고 지킴

2. 낯선 배를 처음 마중 나간 사람은 가락국의 수로왕입니다. 그러나 배는 신라의 아진포로 갔어요.

3. 배 안에 있던 커다란 상자 속에서 나온 사내아이와 하인들을 7일 동안 잘 대접한 사람이 아진의선입니다.

4. ③석탈해의 아버지 함달파는 아내가 알을 낳자 그 알을 상자에 넣고 배에 실어 보냈습니다. 배가 바다 위를 떠돌아다니는 동안 그 알에서 태어난 사람이 석탈해지요.

5. 신라 남해왕 때 동쪽 바다에 낯선 배가 나타났습니다. 아진의선이 그 배를 바닷가로 끌고와 보니 배 안에 있던 큰 상자에서 사내아이와 신하들이 나왔어요. 아진의선이 그들을 잘 보살펴주자 사내아이는 자신의 용성국 왕의 아들이라고 말했습니다. 사내아이는 자신이 살 만한 집을 찾아가 자신이 석탈해라며 그 집은 자기 집이라고 했어요.

짧은 글쓰기 연습3

1.

	①신		④추		
	②단	군	⑤천	⑥부	인
③포	수			왕	
구		⑦촌	⑧장		
	⑪호		⑨기	⑩운	
⑫삼	위	태	⑬백	동	
		⑭신	시		

2. ①이발사, ②우사, ③의사, ④간호사, ⑤요리사, ⑥교사
3. 해설 참고

해설 1. 짧은 글짓기는 위 정답에 적힌 낱말 중 어떤 것을 써도 좋지만, 11~15편에 나왔던 낱말들(단군, 부왕, 삼위태백, 천부인, 기운, 촌장, 호위, 신시, 신단수, 포구)을 사용해 보면 더 좋겠습니다.

2. '우사'는 「고조선을 세운 단군왕검」 편에서 쓰였습니다.

3. 꼭 한 문장으로 쓰지 않아도 됩니다. 두세 문장에 나누어 써도 좋습니다.

글쓰기 연습3

소개하는 글 쓰기

- 아래 예시를 참고해 글쓰기 지도를 해주세요.

- 소개하는 글을 써 봅시다.
  아래 예는 본문에 있는 것과 같습니다.

이름, 나와의 관계	김민주, 학교 짝꿍
모습	키가 크고 머리가 길다.
좋아하는 것	시나모롤 캐릭터
잘하는 것	달리기
내 생각	민주와 조금 더 친해지고 싶다.

- 위에 적어둔 내용을 글로 완성해 보세요.

제목	**긴머리 계주 선수 김민주**
이름, 나와의 관계	민주는 학교에서 내 짝꿍이다. 1학년 때도 같은 반이었지만 그때는 별로 친하지 않았다. 하지만 올해 또 같은 반이 된데다 4월부터 짝꿍이 되어 이제는 친해졌다.
	민주는 키가 크다. 어른들은 민주 키를 보고 두 살은 더 많아 보인다고 하신다. 민주는 키도 크지만 머리도 무척 길다. 허리까지 오는 까만 머리를 풀고 다니는데, 뒤에서 보면 검은 폭포 같다.
좋아하는 것	민주는 시나모롤 캐릭터를 좋아해서 필통부터 머리띠까지 전부 시나모롤이 그려진 것들뿐이다. 민주에게 생일 선물할 때는 무조건 시나모롤 캐릭터 그려진 걸 고르면 될 것 같다.
잘하는 것	민주는 달리기를 무척 잘한다. 이번에 우리 반 대표 계주 선수로 뽑혔는데 다른 아이들을 큰 차이로 이겼다.
내 생각	지금도 민주와 친하지만 조금 더 친해져서 서로 집에도 놀러가고, 캠핑도 함께 가고 싶다.

16. 신라의 첫 여왕, 선덕여왕

> **정답**
> 1. ④ 2. 신라, 덕만, 여왕 3. ①X, ②O, ③X, ④O 4. ② 5. 선덕여왕, 모란, 자신

해설 1. ④사흘은 3일(세 번의 낮과 밤이 지나가는 동안)을 말합니다. 4일은 나흘이에요.

2. 선덕여왕은 신라의 제27대 임금으로, 진평왕의 맏딸이었습니다. 성은 김씨, 이름은 덕만이었어요. 신라 최초의 여왕이기도 하고 우리나라 역사 최초의 여왕입니다.

3. ①당나라 태종은 모란 꽃씨와 모란 그림을 선물했습니다. ③보통 그림에서는 향기가 나지 않지요. 선덕여왕은 모란 그림에 나비가 없는 것을 보고 모란에 향기가 없을 것이라고 했습니다.

4. ②선덕여왕이 맞힌 것은 모란의 색깔이 아니라 모란에 향기가 없다는 것입니다.

5. 신라의 제27대 임금 선덕여왕은 총명해서 앞일도 미리 알았어요. 모란에 향기가 없을 것과 적군이 숨어 있는 곳, 자신이 죽은 뒤 묻힐 곳 근처에 절이 세워질 것까지 미리 알았다고 합니다.

17. 신라의 명장, 김유신

> **정답**
> 1. ①화랑, ②정기, ③계책, ④환생 2. ③ 3. ①고구려, ②신라, ③여자 4. ①1, ②5, ③2, ④4, ⑤3 5. 김유신, 고구려, 신령

해설 1. ②정기: 천지만물을 생성하는 근원이 되는 기운, ③계책: 어떤 일을 이루기 위해 궁리해 낸 꾀나 술책, ④환생: 생명체가 윤회하여 다시 태어남

2. ③김유신은 열다섯 살에 화랑, 열여덟 살에 국선이 되었습니다.

3. ①백석은 본디 고구려 사람인데 김유신을 해치려고 했습니다. ②,③세 신령은 신라를 돕는 신령이었는데 여자로 변신해 위험에 빠진 김유신을 도왔어요.

4. 백석이 오래 전부터 화랑들과 친구로 지냈으므로 고구려 왕이 백석을 신라로 보낸 것이 가장 처음 있었던 일 → 백제과 고구려를 물리치고 싶어 하는 김유신에게 백석이 고구려로 가서 사정을 살피자고 함 → 가는 길에 세 여자를 만남, 세 여자는 신령의 모습으로 돌아가 백석의 정체를 김유신에게 알림 → 김유신이 백석을 처형하고 세 신령에게 제사를 올림

5. 신라의 화랑이었던 김유신은 고구려 사정을 살피기 위해 백석과 함께 고구려로 떠났습니다. 그러나 도중에 만난 세 신령이 백석이 김유신을 해치려는 고구려 사람이라는 것을 몰래 알려주었어요. 김유신은 신라로 되돌아와 백석을 처형하고 신령들에게 감사하는 뜻으로 제사를 올렸어요.

18. 삼국을 통일한 김춘추

정답

1. ①㉢, ②㉣, ③㉡, ④㉠ 2. ①X, ②O, ③O, ④X 3. ② 4. ② 5. 김춘추, 통일, 태종대왕

해설 1. ①위업: 위대한 업적, ②공: 노력이나 수고, ③장안: 한 나라의 수도, ④안채: 집에 여러 건물이 있는 경우 안쪽에 있는 건물
2. ①김춘추가 29대 태종대왕입니다. ④남산 행차 때 선덕여왕이 김춘추와 문희의 사이를 알게 되었지요. 김춘추는 여왕 몰래 혼인하지 않았어요.
3. ②보희가 김춘추의 옷고름을 꿰매주지 않은 행동은 인자하다고 할 수 없습니다. '인자하다'는 어질고 자애롭다는 뜻으로 착하다는 말과 비슷합니다. 보희의 행동은 소극적이거나 지나치게 예의를 차리는 행동이라고 볼 수 있어요.
4. ②김유신은 동생이 가진 아이가 김춘추의 아이라는 것을 여왕에게 알려 김춘추가 자기 동생과 아이를 책임지도록(혼인하도록) 계획한 것이지요.
5. 신라 제29대 왕이었던 김춘추는('는'이라는 조사가 왔으므로 '태종대왕'은 정답이 아닙니다.) 김유신과 함께 삼국을 통일했습니다. 젊은 시절 김유신의 여동생 문희가 김춘추의 옷고름을 꿰매주면서 가까워진 두 사람은 혼인을 했어요. 김춘추는 태종대왕이 되고, 문희는 문명왕후가 되었습니다.

19. 통일신라의 기틀을 다진 신문왕

정답

1. ①초하루, ②옥대, ③답례, ④뭍 2. ② 3. ① 4. 적군, 낫고, 가뭄 5. 신문왕, 대나무, 만파식적

해설 1. ①초하루: 그 달의 첫째 날, ③답례: 말이나 동작, 물건 등으로 남에게서 받은 예를 도로 갚음, ④뭍: 지구에서 바다와 강 등 물이 있는 곳을 제외한 부분
2. ②해관이 동해 바다에 작은 산 하나가 감은사 쪽으로 떠내려 오고 있다고 신문왕에게 아뢰었어요.
3. ①용이 신문왕에게 검은 옥대를 바쳤습니다.
4. '만파식적'을 불기만 하면 적군이 물러가고, 병이 낫고, 가뭄에는 비가 내리고, 장마 때는 비가 그치고, 바람이 그치고 파도가 잔잔해졌어요. 만파식적은 모든 파도(근심)을 잠재우는 피리라는 뜻이에요.
5. 신라 제31대 임금 신문왕은 아버지 문무왕을 위해 감은사를 세웠습니다. 이듬해 감은사 근처 바다에 산 하나가 떠내려 왔는데, 용이 알려준 대로 그 산의 대나무로 피리를 만들어 불었더니 나라의 온갖 근심거리들이 잠잠해졌어요. 그래서 그 피리를 '만파식적'이라고 불렀습니다.

20. 백제 무왕과 신라 선화공주

> **정답**
> **1.** ①귀양, ②도읍, ③도읍, ④귀양 **2.** ① **3.** ①4, ②3, ③5, ④1, ⑤2 **4.** 마, 금, 편지 **5.** 무왕, 서동, 선화공주

해설 1. 귀양은 벌을 받아 먼 곳으로 가는 것을 말하고, 도읍은 예전 나라의 수도를 말합니다.
2. ①'서동'은 '마 캐는 아이'라는 뜻인데 '장'은 집안이 가난해 늘 마를 캐서 먹고살았기 때문에 사람들이 서동이라고 불렀습니다.
3. 백제 사람 서동이 서라벌로 가서 아이들에게 노래를 가르침 → 노래 내용이 선화공주가 서동과 사귄다는 것이어서 그 소문이 퍼짐 → 소문을 들은 진평왕이 선화공주를 귀양 보냄 → 서동이 선화공주의 귀양길에 함께함 → 서로를 믿는 마음이 생겨 두 사람은 백제에 와서 결혼함
4. 금의 가치를 몰랐던 서동은 선화공주의 말을 듣고 자신이 마 캐던 곳에서 엄청나게 많은 금을 캐 신라 진평왕에게 보냈어요. 선화공주의 편지도 함께 보냈습니다.
5. 백제 30번째 임금 무왕은 가난했던 어린 시절에 마 캐는 아이, 서동이라고 불렸어요. 서동은 신라로 건너가 자기가 지은 노래를 퍼뜨려 아름다운 선화공주와 결혼했습니다. 그 후에 신라 진평왕에게도 인정받고, 백성들의 마음을 얻어 백제의 왕이 되었어요.

짧은 글쓰기 연습4

1.

	①답	례		⑤장	⑥수
②장	안			⑦위	업
	③지	④도			
		읍		⑧병	⑨사
					⑩나	물
	⑫화	랑		⑪열	흘
⑬안	채			매	

2. ①골화천, ②천렵, ③하천, ④천변, ⑤산천, ⑥개천
3. 해설 참고

해설 1. 짧은 글짓기는 위 정답에 적힌 낱말 중 어떤 것을 써도 좋지만, 16~20편에 나왔던 낱말들(사나흘, 장수, 병사, 화랑, 위업, 장안, 안채, 답례, 도읍)을 사용해 보면 더 좋겠습니다.
2. '골화천'은 「신라의 명장 김유신」편에서 나왔습니다.
3. 꼭 한 문장으로 쓰지 않아도 됩니다. 두세 문장에 나누어 써도 좋습니다.

글쓰기 연습4

생활문 쓰기

· 아래 예시를 참고해 글쓰기 지도를 해주세요.

· 생활문을 써 봅시다.

1. 글감 정하기: 태권도장 합숙

2. 개요 짜기

처음	언제, 어디	지난 여름방학, 태권도장 뒷산
가운데	어떤 일	담력 훈련
끝	느끼거나 깨달은 점	형들이 친절했다, 합숙은 재미있지만 집이 좋다.

3. 대화글 넣기: 어느 부분에 대화글을 넣을지 미리 적어보세요.
중학생 형들이 "재우야, 내 뒤로 바짝 붙어."했던 부분

· 위에 적어둔 내용을 글로 완성해 보세요.

제목   **처음 해본 합숙**

처음   지난 여름방학 때 태권도장에서 합숙을 했다. 합숙이 뭔지 몰라서 궁금하기도 했지만 태권도장에서 하룻밤 자야한다고 해서 불편할 것 같았다. 그래서 안 하려고 했는데 친구들이 다 한다고 해서 나도 하기로 했다.

가운데   금요일 저녁 8시에 태권도장에 모였다. 첫 번째 프로그램은 담력 훈련이었다. 태권도장 뒤에 있는 산에 올라갔다 오는 것이었다. 나가 보니 생각보다 어둡고 거미줄과 모기가 많아서 점점 가기 싫어졌다. 어쩌다 보니 친구들과도 멀어져서 혼자 올라가다가 그만 돌아갈까 생각하고 있을 때였다.
"재우야, 내 뒤로 바짝 붙어. 같이 가자."
중등부 민욱이 형이 올라오며 말했다. 나는 마음을 바꿔 형과 함께 목적지까지 갔다 왔다. 내려올 때는 민욱이 형 친구들과 함께 내려왔는데, 형들이 모기약도 뿌려주고 잘해줬다.
도장으로 와서는 피자도 먹고 영화도 보고 새벽까지 애들이랑 얘기하다 잠이 들었다.

끝   처음 해보는 합숙이었는데, 예상보다 좋았다. 친구들과 하룻밤 같이 자보는 것도 재미있었고, 멀게 느껴졌던 중학생 형들이 친절했다. 합숙은 재미있었지만, 끝나고 집으로 돌아오니 집이 편하고 좋았다. 합숙은 1년에 한 번만 해도 될 것 같다.

21. 법흥왕과 이차돈

> **정답**
> 1. ④ 2. ② 3. ③ 4. 젖이, 땅, 이차돈 5. 법흥왕, 이차돈, 불교

해설 1. <보기>의 '길'은 길이의 단위입니다. 한 길은 사람의 키 정도의 길이이고요. ①에서 '길'은 '사람이나 자동차 등이 지나다닐 수 있는 공간'을 뜻합니다. ②에서 '길'은 '어느 곳으로 가는 도중'이라는 뜻이에요. ③에서 '길'은 '짐승 따위를 잘 가르쳐서 다루기 좋게 든 버릇'을 뜻합니다.
2. ②이차돈은 법흥왕의 미움을 받아 죽은 것이 아니라 신라에 불교를 널리 알리기 위해서 죽음을 택한 것입니다. 이차돈 덕에 불교를 공인할 수 있었던 법흥왕은 이차돈에게 고마워했을 거예요.
3. ③큰소리로 이차돈을 혼내고 화를 내며 목을 베라고 하는 왕을 보면서 신하들은 벌벌 떨었습니다. 그래서 절을 짓고 불교를 널리 알리라는 왕의 뜻에 반대할 수 없었어요.
4. 이차돈의 목을 베자 놀라운 일들이 일어났어요. 이차돈의 목에서 흰 젖이 솟구치고, 해와 달이 빛을 잃어 어두워지고, 땅이 흔들렸으며 하늘에서는 꽃비가 내렸어요. 이런 일들을 보고 사람들은 모두 이차돈을 성스럽게 여겼습니다.
5. 신라 제23대 임금 법흥왕은 불교를 널리 전하고 싶었지만 신하들이 따르지 않았어요. 그런데 자신을 희생하겠다는 신하 이차돈의 목을 베자 신비로운 일들이 일어났습니다. 그래서 법흥왕은 불교를 신라의 종교로 공인할 수 있었습니다.

22. 노힐부득과 달달박박

> **정답**
> 1. ①ⓒ, ②ⓔ, ③ⓐ, ④ⓑ 2. ④ 3. ② 4. ①2, ②1, ③4, ④3, ⑤5 5. 달달박박, 노힐부득, 부처

해설 1. ①속세: 절이 아닌 일반 세상, ②도: 종교적인 깨달음, ③염불: 불경을 외는 일, ④계율: 신도들이 지켜야 하는 규범
2. ④노힐부득과 달달박박은 일찍부터 머리 깎고 스님이 되었지만 결혼을 하여 가정을 이루고 사는 삶에 만족하지 못했어요. 그들은 속세를 떠나 공부를 하여 진리를 깨우치고 싶다는 큰 뜻을 품고 있었습니다.
3. ②달달박박은 계율을 중요하게 여겼습니다. 그래서 다음날 아침에는 노힐부득이 계율을 어겼을 거라 생각해서 친구를 놀려주려고 했지요.
4. 달달박박이 거절하자 색시는 노힐부득을 찾아감 → 노힐부득은 색시를 도우려는 마음으로 암자 안으로 들어오게 함 → 색시가 아이 낳는 것을 도와줌 → 색시가 목욕하는 것을 도와줌 → 목욕물이 금빛으로 변함 → 색시가 그 물에 목욕하라고 해서 노힐부득도 목욕을 하고 부처가 됨 → 색시는 자신이 관음보살이며 노힐부득이 부처 되는 것을 도우러 왔다고 말하고 사라짐
5. 노힐부득과 달달박박은 깊은 산속에 들어가 도를 닦았어요. 달달박박은 색시의 모습을 하고 나타난 관음보살을 내쫓았지만 노힐부득은 도와주었습니다. 노힐부득은 금빛 부처가 되었고, 노힐부득의 권유로 달달박박도 부처가 되었어요.

23. 아름다운 수로부인

> **정답**
> 1. ④ 2. ① 3. 거북, 거북, 부인 4. ③ 5. 수로부인, 용, 노래

해설 1. ④이 속담은 한 사람이 말하는 것보다 여럿이 한 목소리를 내면 어렵거나 큰 일을 이룰 수 있다는 뜻입니다.
2. ①수로부인이 바다의 용에게 잡혀가자 순정공은 바닥에 쓰러져 발을 동동 굴렀습니다.
3. 이 노래는 〈구지가〉라는 제목으로 전해지고 있습니다. 구지가(龜旨歌)의 '구'가 거북을 뜻하는 한자지요.
4. ③부인을 내놓지 않으면 거북을 구워 먹겠다는 노랫말이 나오지만, 노인이 거북을 구워 먹은 것은 아닙니다.
5. 신라 성덕왕 때 수로부인이 높은 곳에 핀 꽃을 원하자 한 노인이 꺾어 바쳤어요. 수로부인이 바다의 용에게 잡혀갔을 때는 여러 사람들이 모여 부인을 내놓으라고 노래를 불렀습니다. 그러자 부인이 무사히 돌아와 용궁에 다녀온 얘기를 들려주었어요.

24. 호랑이를 감동시킨 김현

> **정답**
> 1. ①탑돌이, ②족속, ③족속, ④탑돌이 2. ① 3. ①4, ②1, ③2, ④3, ⑤5 4. 부부 5. 김현, 벼슬, 절

해설 1. ①,④번 문장에는 '절'이 나오고, 절에서 하는 행사인 '탑돌이'와 어울리는 내용입니다. ②,③번 문장에는 '무리' '종족'과 비슷한 의미를 가진 '족속'이 어울리지요.
2. ①오빠들이 부탁한 것이 아니라 처녀가 먼저 자신이 오빠들을 대신해 벌을 받겠다고 했습니다.
3. 김현이 흥륜사에서 처녀를 만나 사랑에 빠짐 → 김현이 처녀의 집으로 따라감 → 가서 보니 오빠들이 호랑이였음 → 하늘에서 호랑이 오빠들에게 벌을 내리겠다는 소리가 들리자 처녀가 오빠들을 대신해 벌을 받겠다고 함 → 처녀가 호랑이가 되어 성안에서 사람들을 해침 → (처녀와 약속한 대로 김현이 호랑이를 따라감, 호랑이 처녀가 죽음) → 김현은 호랑이를 잡은 공으로 벼슬을 받음
4. 호랑이 처녀는 대화글에서 "저는 비록 호랑이로 당신과 다른 족속이지만 우리는 이미 부부나 다름없습니다.~다른 사람의 손에 죽는 것보다는 서방님의 칼에 죽어 은혜를 갚고자 합니다."라고 했습니다.
5. 신라 원성왕 때 화랑 김현은 절에서 만난 처녀와 사랑에 빠졌습니다. 처녀는 호랑이였고, 자신의 오빠들을 대신에 하늘의 벌을 받아 죽겠다고 했습니다. 김현은 호랑이로 변한 처녀를 잡은 공으로 벼슬을 얻고 호랑이 처녀를 위해 절을 지었어요.

25. 역신을 물리친 처용

정답
1. ①ⓒ, ②ⓛ, ③ⓔ, ④㉠ 2. ④ 3. ② 4. 부인, 성내지, 처용 5. 처용, 역신, 얼굴

해설 1. ①번성: 활발하게 널리 퍼짐, ②천문: 천체의 운행에 따라 점을 치거나 운을 보는 일, ③관직: 국가로부터 받은 관리로서의 일, ④덕: 사려 깊고 인간적인 성품
2. ④역신이 처용의 얼굴을 그린 것이 아니라, 사람들이 역신을 막기 위해 처용의 얼굴을 그린 것입니다.
3. ②신하가 용을 위해 좋은 일을 하면 구름과 안개가 걷힌다고 하자 헌강왕이 용을 위한 절을 지으라고 했습니다. 그러자 구름과 안개가 걷혔어요.
4. 역신은 아름다운 처용의 부인을 탐냈습니다. 처용은 그 사실을 알고도 성내지 않고 〈처용가〉라는 노래를 지어 불렀어요. 그 너그러운 모습을 보고 감탄한 역신은 처용의 얼굴이 그려진 종이만 봐도 그 문 안에는 들어가지 않겠다고 했지요.
5. 신라 헌강왕 때, 동해 용의 아들 처용은 신라의 나랏일을 돕기 위해 서라벌로 왔습니다. 처용은 자신에게 잘못을 저지른 역신을 감탄하게 만들었어요. 그때부터 신라에는 역신을 쫓고 복을 맞아들이기 위해 처용의 얼굴을 그려 문 앞에 붙이는 풍습이 생겼습니다.

짧은 글쓰기 연습5

1.

①계	②율		⑦번		
	③동	④족	⑧성	⑨장	
⑥도		⑤속	세		⑩관	직
			⑪귀		
	⑬천		⑫염	불	
⑭화	문	⑮석	둥		
		⑯탑	돌	이	⑰덕

2. ①미륵불, ②불경, ③예불, ④아미타불, ⑤불교, ⑥불공
3. 해설 참고

해설 1. 짧은 글짓기는 위 정답에 적힌 낱말 중 어떤 것을 써도 좋지만, 21~25편에 나왔던 낱말들(계율, 족속, 속세, 도, 번성, 관직, 염불, 천문, 탑돌이, 덕)을 사용해 보면 더 좋겠습니다.
2. 『삼국유사』에는 「법흥왕과 이차돈」편을 비롯해 불교에 대한 이야기가 많습니다.
3. 꼭 한 문장으로 쓰지 않아도 됩니다. 두세 문장에 나누어 써도 좋습니다.

글쓰기 연습5

독서감상문 쓰기

· 아래 예시를 참고해 글쓰기 지도를 해주세요.

· 독서감상문을 써 봅시다.

1. 받는 사람, 첫인사 : 김현 아저씨, 안녕하세요? 민재입니다. 「삼국유사」에서 아저씨를 알게 됐어요.

2. 하고 싶은 말

①	주인공의 말이나 행동	처녀가 싫다는데 집에 따라감
	내 생각이나 느낌	스토커 같음
②	주인공의 말이나 행동	처녀를 죽이고 벼슬을 얻는 것은 싫다고 함
	내 생각이나 느낌	나라면 벼슬을 얻을 것 같음
③	주인공의 말이나 행동	호랑이 처녀를 위해 절을 지음
	내 생각이나 느낌	처녀가 기뻐할 것 같음

3. 책 전체를 통해 느낀 점: 동물들도 자기를 희생하는구나.

· 위에 적어둔 내용을 글로 완성해 보세요.

받는 사람	김현 아저씨께
첫인사	안녕하세요? 저는 민재예요. 일연 스님의 『삼국유사』를 읽고 김현 아저씨를 알게 되었어요.
하고 싶은 말	아저씨는 처음 만난 아가씨와 사랑에 빠져 아가씨 집으로 쫓아갔다면서요? 아가씨가 싫다는데도 쫓아가다니 요즘 세상이었으면 스토커라고 했을 것 같아요. 저라면 내일 또 만나자고 약속했을 거예요. 하지만 아저씨가 멋있어 보이기도 했어요. 호랑이 처녀를 죽이고 벼슬을 얻을 수는 없다고 한 것 말이에요. 저라면 처녀가 호랑이인 것을 알고는 더 이상 사랑할 수 없을 것 같아요. 무섭기도 하고요. 그래서 호랑이를 없애버려 벼슬을 얻고 싶어질 것 같아요. 아저씨가 죽은 호랑이 처녀를 위해 절을 지어준 것도 참 잘한 일이에요. 죽은 호랑이 처녀도 하늘에서 기뻐했을 거예요.
책 읽고 느낀 점	이 글은 옛이야기라서 그런지 동물과 사람이 사랑에 빠진다는 이야기가 어색하지 않게 느껴져 재미있었어요. 그리고 호랑이 처녀가 오빠들과 사랑하는 사람을 위해 희생하는 걸 보니, 때로는 동물이 사람보다 나은 것 같아요.

MEMO

우리 고전으로 배우는
고전 독해와 글쓰기 1
ⓒ 정형권·김정원, 2024

초판 1쇄 인쇄 2024년 8월 14일
초판 1쇄 발행 2024년 9월 2일

지은이   정형권·김정원
그림   김민

펴낸이   이성림
펴낸곳   성림북스

책임편집 홍지은
디자인   북디자인 경놈

출판등록 2014년 9월 3일 제25100-2014-000054호
주소   서울시 은평구 연서로3길 12-8, 502
대표전화 02-356-5762 팩스 02-356-5769
이메일   sunglimonebooks@naver.com

ISBN   979-11-93357-34-7 (74800)
             979-11-93357-33-0 (세트)

* 책값은 뒤표지에 있습니다.
* 이 책의 판권은 성림원북스에 있습니다.
* 이 책의 내용 전부 또는 일부를 재사용하려면 성림원북스의 서면 동의를 받아야 합니다.